联合国研究

(总第三期)

UN Studies (No. 3)

2014/1

张贵洪 主编

社会科学文献出版社
SOCIAL SCIENCES ACADEMIC PRESS (CHINA)

主编前言

《联合国研究》是在中国联合国协会的指导下，由复旦大学联合国研究中心和上海联合国研究会共同主办的专业性学术书刊，旨在推动对联合国问题的整体研究。

本期《联合国研究》的开篇是联合国秘书长潘基文2014年5月22日在复旦大学所做的题为"我们想要一个什么样的世界——基于联合国和世界公民的视角"的演讲。潘基文认为，中国人民向来以在国际事务中担当主要角色为己任。他希望青年人成为世界公民，具有全球视野。潘基文用五个"C"：冷静（Calm）、同情（Compassion）、合作（Cooperation）、勇气（Courage）和孔子（Confucius）的"修身、齐家、治国、平天下"，勉励青年学生要做世界公民，承担更大责任，做好应对种种问题的准备。

本期《联合国研究》设有"中国、联合国与全球治理""青年论坛""联合国机构""会议综述"等栏目。

2014年1月，由联合国训练研究所、中国联合国协会和复旦大学共同主办，复旦大学联合国研究中心和上海联合国研究会共同承办的"变革中的全球治理——中国与联合国"国际会议在上海举行。包括联合国负责政治事务副秘书长费尔特曼和联合国秘书长两位特别顾问在内的联合国系统30多位官员出席会议。与会嘉宾围绕全球治理面临的挑战、清洁能源和食品安全、南北对话和南南合作、2015年后国际发展议程、公私伙伴关系等议题进行了广泛对话和深入研讨，特别是就中国和联合国如何在全球治理中相互合作发挥领导作用建言献策。本期"中国、联合国与全球治理"栏目选登了四位嘉宾的主旨发言，其中一篇是2013年9月上海联合国研究会成立大会上的主题发言。

"青年论坛"栏目的六篇文章涉及联合国安全、发展和人权三大支柱。

于宏源的论文分析了世界能源消费面临的问题，探讨了清洁能源与大国竞争的关系，并对东亚地区的能源困境及清洁能源面临的挑战进行了展望，其认为，只有推动全球合作，才能实现全球绿色发展。刘铁娃的论文对我国政府和学界对"保护的责任"的立场和观点进行了梳理和分析，有助于国际社会更全面和客观地了解中国在"保护的责任"问题上的态度，也有益于中国和国际社会通过良性的合作互动来推动"保护的责任"作为一种新国际规范的建构。张春的论文概述了国际社会关于2015年后发展议程的咨询、讨论和谈判进程，认为实现目标浓缩与合法性保存的平衡是国际社会面临的重大挑战，同时也是中国发挥建设性作用的重要机会，建议中国可致力于推动建构利益-责任-命运的"三位一体"共同体以促进2015年后发展议程的设置。祁怀高的论文阐述了联合国在全球安全治理、发展治理和人权治理中的作用，指出了全球治理主体多元、机制重组、议题增多等特点和趋势，并就联合国如何强化全球治理理念、协调全球治理主体、提升全球治理能力提出了思路和对策。王媚的论文解释了冷战后联合国与区域组织在维护国际和平与安全上相互合作和支持的一面，又具体分析了相互竞争和形成挑战的另一面，提出中国既要维护联合国的权威和中心地位，又要高度重视与本地区区域组织的交流与合作。金彪的论文分析了联合国在应对叙利亚危机中表现出的"能力赤字"及其影响，指出联合国要加快改革、加强与其他国际机构合作，提高应对重大国际问题的能力，但要坚持《联合国宪章》的宗旨和原则，不能为了能力而放弃原则。

联合国是一个大家庭，是一个系统。除了六大主要机构，还有大量专门机构、附属机构和各种项目、基金等。本期"联合国机构"栏目介绍了三个机构。国际法院是联合国的司法机构，总部设在荷兰海牙，是唯一总部不在纽约的联合国主要机构。它依照国际法解决各国向其提交的法律争端，并就联合国机关和专门机构提交的法律问题提供咨询意见。禁止化学武器组织成立于1997年，总部也设在海牙。化学武器是唯一在法律上被禁止的大规模杀伤性武器。在禁止化学武器组织的努力下，全世界80%的化学武器被解除。由于在解除叙利亚化学武器中的贡献，禁止化学武器组织获得2013年诺贝尔和平奖。联合国大学不是传统意义上的大学，而是一个特别的研究机构，是联合国的智库。联合国大学总部设在东京，在全球有

15 个研究机构和计划，构成大学网络。这三个机构反映了联合国机构的全球性、专业性和多样性。

"会议综述"栏目介绍了三次各有特色的会议，包括 2014 年 1 月在上海举行的"变革中的全球治理——中国与联合国"国际会议、2013 年 11 月在韩国举行的第 13 届东亚联合国研究研讨会、2013 年 9 月上海联合国研究会成立大会暨"上海、中国与联合国"主题演讲会。这三次会议反映了我国学界对于联合国问题研究的进步、活力和影响。

在此，感谢各位作者的赐稿，也感谢为本期《联合国研究》出版付出努力、做出贡献的同事和朋友。

张贵洪
2014 年 9 月

目 录

我们想要一个什么样的世界
　　——基于联合国和世界公民的视角 …………………… 潘基文 / 001

中国、联合国与全球治理

变革中的全球治理：中国和联合国 ……………… 杰弗里·费尔特曼 / 007
全球治理与中国的责任和贡献 …………………………… 徐浩良 / 012
中国梦与全球治理 ………………………………………… 黄友义 / 019
上海、中国与联合国 ……………………………………… 孙旭东 / 024

青年论坛

初析全球清洁能源治理的趋势 …………………………… 于宏源 / 037
"保护的责任"作为一种国际规范的发展：中国国内的争论
　………………………………………………………… 刘铁娃 / 048
2015年后国际发展议程的进程压缩与中国的可能贡献
　…………………………………………………………… 张　春 / 069
新时期联合国参与全球治理：作用分析与应对思考
　………………………………………………………… 祁怀高 / 090
冷战后联合国与区域组织在和平行动实践上的关系及对中国的启示
　……………………………………………………………… 王　媚 / 105
联合国应对叙利亚危机中的"能力赤字"及其影响
　……………………………………………………………… 金　彪 / 122

联合国机构

国际法院 …………………………………………… 丁　端 / 137
禁止化学武器组织 ………………………………… 孟文婷 / 146
联合国大学 ………………………………………… 孟文婷 / 153

会议综述

"变革中的全球治理——中国与联合国"国际会议综述 …… 石晨霞 / 165
第 13 届东亚联合国研究研讨会综述 ……………… 中国联合国协会 / 175
上海联合国研究会成立大会暨"上海、中国与联合国"主题演讲会综述
………………………………………………………… 石晨霞 / 179

征稿启事 …………………………………………………… 181
注释体例 …………………………………………………… 183

Contents

UN Secretary-General Ban Ki-moon's Remarks at Fudan University / 001

China, the United Nations and Global Governance

Transformative Global Governance: China and the United Nations

Jeffrey Feltman / 007

Global Governance and China's Responsibility and Contribution

Xu Haoliang / 012

Chinese Dreams and Global Governance   Huang Youyi / 019

Shanghai, China and the United Nations   Sun Xudong / 024

Youth Forum

Trend of Global Governance on Clean Energy   Yu Hongyuan / 037

The Development of R2P as an International Norm: Ongoing Debates in China

Liu Tiewa / 048

On Building of the Post-2015 Agenda: Process Condensing and China's

Potential Contribution   Zhang Chun / 069

Analysis on the UN's Role in Global Governance during the New Period

Qi Huaigao / 090

Relationship between UN and Regional Organizations on Peace-Keeping

Practices and the Enlightenment to China   Wang Mei / 105

"Capacity Deficit" of UN in Tackling Syria Crisis and Its Impact

Jin Biao / 122

UN Agency

International Court of Justice　　　　　　　　　　Ding Duan / 137
Organization for the Prohibition of Chemical Weapons　　Meng Wenting / 146
United Nations University　　　　　　　　　　Meng Wenting / 153

Conference Summary

A Summary of International Conference on "Transformative Global
　　Governance—China and the United Nations"　　Shi Chenxia / 165
A Summary of the 13th East Asia Seminar on UN Studies
　　　　　　　　　　　　　　U. N. Association of China / 175
A Summary of Inaugural Meeting of Shanghai UN Research Association and
　　the Lecture on "Shanghai, China and the United Nations"
　　　　　　　　　　　　　　　　　　　Shi Chenxia / 179

Contribution Invited　　　　　　　　　　　　　　/ 181
Annotations Style　　　　　　　　　　　　　　　/ 183

我们想要一个什么样的世界

——基于联合国和世界公民的视角*

潘基文**

大家好!

感谢杨玉良校长,很高兴今天来到复旦!这是我第七次到访中国。自我担任联合国秘书长以来,几乎每年都会来中国。每次来到中国,我都非常乐于感受中国的传统文化与价值观。我为中国的发展而感到高兴。每次来到中国,我都能看到中国的巨大变化,以及你们对于创造美好未来的决心。你们国家的名字,用中文说,是"中国",意思是"世界中央的国度"。中国人常常将自己的国家视为宇宙、世界的中心,从很久以前便是如此。现在,对你们,对中国年轻人而言,你们肩负着未来的使命,在世界上扮演着重要的中心角色。这意味着,你们要接触外面的世界,同时也要关注本国的人民。在这全球化的时代,人们希望中国扮演一个更加重要的角色,这是我想向在座各位青年学生传达的主要信息。

当你们展望未来,全球对话聚焦一大问题:你们想要一个怎样的世界?从去年开始,我们试着了解哪些事情受到世人最多关注。我试着去了解对家庭、社区而言,尤对年轻人来说,什么是最重要的。我们向世界各地的人们提问:什么是最重要的事?什么事会改变你们的生活?人们的答案高度重合,不论年龄、性别、贫富差距和南北、东西差异。教育,这是最基本的,就业、医疗等紧随其后。就业尤其是指年轻人的就业,其后是诚信、良好的政府治理和负责任的政府,这些同样是关键诉求。我的调研

---

* 联合国秘书长潘基文在复旦大学的演讲,2014 年 5 月 22 日,http://www.un.org/sg/statements/index.asp? nid = 7696。

** 潘基文,联合国秘书长。

事关未来工作议程的确立。2000年当世人庆祝新千年来临时，各国领导人齐聚联合国，制定了"联合国千年发展目标"，首要任务就是把极度贫困率降低一半。同时，在明年，也就是2015年之前，为所有人提供良好的基础教育和医疗条件，这些是领导人们制定、宣布的目标。

我们要感谢中国政府与中国人民的卓越努力。现在，我们已经实现了一个目标，那就是将全球贫困水平在2015年前降低一半。但是，我们仍然面临诸多困难，需要各国携手共同解决。如今，世界各国领导人及联合国的领导人都在探索符合未来世界发展的工作议程。

那么，我们是否能够在明年如期完成"联合国千年发展目标"呢？我恐怕要说，我们做得还远远不够。我们的下一个目标年限是2030年，希望在彼时，我们能取得更多突破。现在，我们的工作仍然有许多难点。世界上有太多贫困地区与人口，其社会与经济发展水平远远落后于世界平均水平。同时，我们也要着重解决21世纪后全世界所面临的重点问题，例如气候变化、不平等现象、法制缺失、性别歧视等。我们现在最大的挑战就是要形成一个具有普世意义的工作议程，这样才能确保实现可持续的、繁荣的及和平的发展。

亲爱的学生们，女士们先生们，我们的人类大家庭现在面临着一次关键性的挑战。你所肩负的责任、你所付出的努力，以及你的视野，对于将来的世界而言非常重要。特别是对于学术科研工作者、教授们，我希望你们能给予学生最好的教育，给予他们必要的教诲，使他们能够拥有国际化的视野。让我来举两个例子。首先我们来谈谈叙利亚冲突。叙利亚问题持续了多年，仍未得到妥善解决。流血冲突导致叙利亚产生了数量众多的伤亡，超过三百万人流离失所，被迫离开家乡，变成了难民，在别的国家寻求庇护。叙利亚超过一半以上的人口，整整九百万人，都不能够维持正常生活。南苏丹和中非共和国仍然处于内战状态。由于教派和种族问题，上述两国的战乱一直在持续。此外，人类面临气候问题已有多年。如果我们不立刻采取有效行动，这个问题会继续影响我们子孙后代的生活，后患无穷。

这是一个属于变化与变革的时代。新兴强国正在出现，中国便是最好的例子。中国现在被称为"G2"国家，与美国并肩，足见中国的发展是多么迅速，超越了许多人的想象。智慧型手机及其他技术的出现使得我们与他人之间的联系更加频繁了。只需要一眨眼的时间，你就能与远方世界某个角落的人联系上。世界人口的流动也加快了。如今，人口流动的速度令人叹为观止。人口的流动也带来了种种新现象，其中有让人欢欣雀跃的，也有让人忧心忡忡的。

如今，全球超过一半的人口都在25岁以下。这个世界是如此的年轻，25岁以下的青年占了它的一半。当然，超过一半的人口是女性。我们承担了这些责任，同时也在尽我们最大的努力使得世界可持续发展。这也将很快成为你们的责任。我在两年后就要离开这个岗位，在座的我们中间大多数教授也要退休。之后就轮到你们了。历史的火炬将传递给你们。我作为秘书长的责任就是竭尽全力给来接棒的一代又一代人留下最小的负担。这其中可能包括环保活动、对抗污染、提倡新能源等。

当我们来到21世纪，作为世界公民，你们生活在世界上最大和最有影响的国家之一，你们比许多人都更有世界影响力。所以你们应该保证做好准备。我知道你们已经在某种程度上做好了准备。我知道中国年轻人在社交媒体上是多么活跃。你们应该更多地开阔眼界、见识世界。你们住在一个叫作"中国"的国家，中央国度，版图如此宏大，人口如此众多。但现在，你们应该睁大眼睛看看中国之外的世界。请暂时忘记你生活在中国，你们其实是生活在这个地球村。这个世界正成为一个大家庭。

所以我要传递给大家的信息是：你们要成为世界公民，要拥有国际化视野。请试着学会用同情心去对待那些不幸的人们，去同情那些生活条件不如你们的人群。这是一位世界公民必备的素质。谈及人权，没有国家可以声称已经做到最好。我们总可以做更多，遵照联合国大会通过的《世界人权宣言》不断努力。中国已经迈出了一大步，我期望中国和中国政府不断提高人的尊严，让我们一起为人权、和谐和稳定努力！

女士们，先生们，我要感谢那些参加了联合国"我的世界"调查（My World Survey）的人们。我对于中国民众所提供给我们的反馈感到兴奋。下面，请让我与大家分享我的一些看法。我环顾世界，认为我们的公民应该更加冷静（Calm），更加有同情心（Compassion），我们需要更多合作（Cooperation）与更多勇气（Courage）。

第一，只有冷静地思考，我们才能坦率地面对分歧，并找到解决问题的恰当方式。三思而后行，总比草率行动强。第二，同情心很必要。年轻人往往有着一腔热血，有一颗火热的心，这是年轻人的优点。年轻人要学会平衡热情与同情，从而更好地服务社会。第三，合作将成为常态与时代主题。我给大家的第四个关键词是勇气（Courage）。作为年轻的一代，你们需要充满勇气，来直面挑战，应对种种问题，不管是经济问题、政治问题还是社会问题。我相信你们具备这样的勇气。

如果你们数一数我刚才给大家的这些关键词，你们会发现我给了各位四个以字母 C 开头的词，我要再加上最后一个 C，这最后一个 C 与中国密切相关。对我来说，第五个 C 就是孔子（Confucius）。孔子的儒家学说对我影响很大，我从孔子、孟子、老子等流传全世界的思想和学说中获益颇多。作为一个人，一个领导人，我从孔子那里学到的、给我影响最大的一句话就是"修身、齐家、治国、平天下"。因此，我希望所有的人都能先修养自身，致力于塑造正直的人格，让我们携手为世界和平和全世界人民有尊严的生活而努力，这也是我作为联合国秘书长所热切追求的目标，即为一个更加和平与有尊严的世界而奋斗。

中国激励了许多国家，为世界输出了丰富的文化和思想资源，伴随着中国取得越来越多的成就，中国承担的责任和世界给予中国的期待也越来越大。世界上许多国家对中国充满期盼，正如它们期盼联合国一样。我们会继续寻求与中国的合作，共同强化应对国际挑战的领导力。我衷心希望今天在座的各位能为将世界建设得更加美好做出自己的贡献。

最后，感谢各位的耐心聆听，也非常感谢贵校的盛情招待，非常荣幸能有这样的机会到贵校为大家进行演讲，感谢大家对联合国的支持！

> # 中国、联合国与全球治理
China,the United Nations and Global Governance

变革中的全球治理：中国和联合国*

杰弗里·费尔特曼**

各位来宾，女士们，先生们，朋友们：

首先允许我向各位转达联合国秘书长潘基文的诚挚问候和良好祝愿。我还要祝贺中国外交部、复旦大学、中国联合国协会和联合国训练研究所成功主办了这次会议，这是一次从中国和联合国合作角度探讨全球治理难题的独特机会。

我很高兴作为联合国负责政治事务的副秘书长第二次来到中国。

联合国欢迎中国在包括国际和平和安全等众多工作领域里扮演越来越重要的角色。我们欢迎中国和联合国一道推进对全球治理核心的改革。我们把奉行和平发展、改革开放长期战略的中国视为我们在这方面努力中的天然伙伴。

去年9月，外交部长王毅在联合国大会上发言说，中国"将更加主动、建设性地参与处理国际和地区热点问题，劝和促谈，消弭战端，维护世界的和平、稳定与安宁"。这不仅鼓舞人心、极其重要，而且是我这个部门使命的核心所在，也是我们与中国日益增长的伙伴关系及变动中的全球治理的关键所在。

因此，我今天的发言重点是关于如何通过与各成员国和地区性组织合作，增强联合国预防和解决武装冲突的能力，这也符合中国的3C安全观，即"全面安全、合作安全、共同安全"。我会告诉大家我们怎样在实际工作中开展预防外交，并和大家分享我们积累的一些经验。我很高兴，我的

---

* 本文为2014年1月13日由联合国训练研究所、中国联合国协会和复旦大学共同在上海主办的"变革中的全球治理——中国与联合国"国际会议上的主旨发言。

** 杰弗里·费尔特曼，联合国负责政治事务副秘书长。

前任和朋友林恩·帕斯科大使今天也在场,他曾领导了我们部门预防冲突方面的工作。我衷心感谢他把我们这个部门从过去主要是搞分析研究转变为如今在我们今天将要讨论的领域里实际运作。

女士们,先生们:

在我们看来,"3C安全"的开端是预防冲突。这是联合国之所以存在的原因,是联合国宪章的核心。宪章起草者们预想,创建联合国是为了"使以后几代人免受战争的痛苦",联合国要起到很强的预防作用。2011年,中国国务委员、当时的外交部长杨洁篪阁下在一次有关预防外交的安理会高级别辩论中提醒我们,联合国"应该真正改变重治轻防的观念","致力于预先警报、预防冲突、和平调解"。

这正是我们政治事务部门一直在努力从事的工作,是我们希望通过和中国合作进一步加强的工作。我们预防和解决冲突的工作有各种不同形式,但我今天要强调联合国秘书长及其特使们的斡旋调停在预防冲突爆发和停止战争方面所起的关键作用。不过,我也要讲清楚,我们没有办法全靠自己。历史表明,只有当我们与各成员国和地区性组织紧密合作,我们才有成功的机会。我们的特使们可能是秘书长斡旋使命最显眼的表现。在全球各种情况下,从缅甸到阿拉伯世界,特使们正在帮助各方预防、平息或解决冲突。大部分情况下,他们需要安理会提供支持和赋予使命,有时还需要联合国大会提供支持和赋予使命,他们在工作中始终尊重国家主权和所有权。

在也门,到目前为止,秘书长特使帮助也门各方维持了"阿拉伯之春"当中唯一的协商过渡。虽然我不想低估也门体制的脆弱性或者也门面临挑战的严重性,但是,目前进行中的全国对话是也门空前未有的广泛协商,是包容性的一个鲜明例证,特别是妇女团体。也门国内分歧很深,历史的、地区的、部落的、政治的甚至宗教的,是世界上国民武装程度最高的国家之一。但是,在地区和国际合作伙伴的帮助下,也门人民有决心继续推进和平协商过渡的进程。

在非洲大湖地区,尽管在刚果民主共和国驻扎有世界最大规模的联合国维和部队,但自从20世纪90年代中期以来该地区形势一直不稳定,联合国及其地区合作伙伴帮助达成了一项史无前例的协议,由11个非洲国家签署，目的是给该地区人民带来和平。联合国秘书长特使、爱尔兰前总统玛丽·罗宾逊女士一直和该地区领导人、国际行为者和民间团体紧密合作，推进该协议的贯彻执行，扭转局势，由暴力转向希望。该协议叫作"希望框架"，包括各国、地区和国际层面的自愿承诺，解决治理、发展和人权等方面的问题。"希望框架"的基础是地区和国际领导人士的坚定信念，即大湖地区的安全问题不能单靠安全手段来解决。

理想情况是，预防措施应该在看不到的状态下就开始了。有时，低水平紧张形势如果任其发展，时间长了会变得更加严重，我们就会应有关国家政府的要求，与发展伙伴携手合作，帮助提升当地预防冲突和解决争端的能力。最佳情况是，我们和当地及国际合作伙伴一起努力，把问题解决在萌芽状态，而不是等到冲突已经引起媒体关注才开始行动。

如果选举进程有可能加剧紧张和不稳定局势，我们就和有关国家政府配合，预防与选举相关的暴力行为。例如，在几内亚，秘书长去年针对暴力增长和号召抵制选举的情况任命了一位国际协调者。在一个联合国选举和调解技术专家小组的配合下，协调者协助有关各方克服分歧、同意参选竞争并接受最后选举结果。几内亚新国会今天在科纳克里宣布正式成立，表明选举创造了推进民主政体巩固进程的政治空间。大家可能没听说联合国起了什么作用，也没有读到选举因暴力而失败的消息，在我们看来，这标志着我们的调停成功。

在很多情况下，预防措施就是通过特使们耐心和艰苦的努力对世界上一些最难解决的问题保持关注，使它们不进一步恶化。为推进中东和平进程、解决塞浦路斯或西撒哈拉争端而做出的几十年努力到现在还没有什么重大进展。但毋庸置疑，为保持对话、让各方坐到谈判桌旁而做出的日常努力有助于抑制紧张局势的加剧。

我还要特别提到东北亚和亚洲。全世界对这一地区的人民和国家期望很大，这一地区总体平静并有办法自己解决可能会出现的问题。但是，这一地区也并不是没有严重挑战。我们同样完全尊重国家主权，恪守联合国宪章作为我们工作的依据，我们愿意和你们及其他有关国家克服相互信任和理解不足的困难，让这一地区能够继续实现其创造潜力。

令人遗憾的是，预防措施并不总是奏效。但即使在显然已经失败的情况下，例如叙利亚或中非共和国，斡旋仍然提供了一种有可能成功回到安全和解的路径，外交努力必须持续不断地让各方摆脱困境并重新回到谈判桌边。政治挑战是大多数冲突的核心，也是预防和解决这些冲突的关键。只有找到政治解决方案，我们才能保证长久的和平。

我下周计划和秘书长一起去日内瓦参加叙利亚和平会议。我们尽了很大努力把各方召集到日内瓦。我们还不知道能不能成功。但我们认为这是实现政治解决的最好希望，可以此结束暴力行为，有助于在叙利亚恢复和平。我们一直都说，结束叙利亚危机不能靠军事解决方案，叙利亚政府和反对派势力指望强制实行一项军事解决方案已经造成了一场人道主义灾难。各方都应认清，单靠军事解决的代价实在太大。我们感谢中国支持2012年6月30日日内瓦公报，这份公报提供了政治解决的希望。

女士们，先生们：

这么多年当中得来不易的经验给了我们一些教训，告诉我们在预防外交和调解工作中哪些是有用的关键元素，可以带来"全面合作和共同安全"。我知道，中国在这方面也积累了宝贵经验，包括在亚洲和亚洲以外。我们很愿意听取你们的看法，学习你们的经验，互相交流磋商。

我们学到的第一点，就是及早介入很重要。这不仅仅是指在冲突早期就获得必要信息，还要在一有机会的情况下就采取快速、有效和统一的外交行动。中国是安理会常任理事国，中国在这方面的作用很关键。我们及早介入需要得到安理会的支持。

第二，及早介入只是事情的一部分。我们还要做得巧妙。预防外交和调解工作是复杂而又越来越专业的领域，需要各个方面的专长，有些具有很高的技术性和复杂性。因此，我们强调要加强这些专长，可供快速调用，也可以提供给联合国特使、地区组织和各成员国。

第三，合作伙伴关系是关键。我们面对的各种危机非常复杂，只靠一个组织或成员国都没法解决。世界上的冲突性质在变，恐怖主义和国际犯罪经常与政治积怨交织在一起，合作伙伴关系就更加重要。联合国越来越紧密地与地区和次地区行为者合作，例如在叙利亚问题上与阿拉伯国家联盟合作，在索马里和马里与非洲联盟合作。我们与上海合作组织的合作为与该地区接触打下了坚实的基础，我们准备开展更进一步的密切合作。和中国一样，我们正在和东盟建立强有力的合作伙伴关系，这也符合东盟在 2015 年建立东盟经济共同体的目标。

第四，预防外交要取得成功，或许最重要的元素是影响力。联合国秘书长不掌控兵力和财力，他能支配的工具主要是说服力和联合国宪章的各项原则。

这些工具本身就很有力量。它们反映了各成员国之间的共识，经过几十年谈判和实践的磨炼，具有普世意义。但为实现其效力，要求国际社会特别是各个世界大国紧密联合，让秘书长能够代表一个共同的声音讲话。

在叙利亚，我们看到，因为没有这种共同目标，很难取得进展。而在马里和也门，国际社会行动比较快，防止了迅速恶化的局势变得更不稳定。我们现在在正试图在中非共和国和南苏丹做出同样的努力。

有些国家可能因为看到联合国支持预防冲突或维和行动就认为某个政府垮台了，其实不然。我们的任务是支持各国的努力，我们在所有情况下都配合各国行为者一起工作。

女士们，先生们：

为了实现"全面安全、合作安全、共同安全"，外交努力必不可少，最好是预防外交，我们知道它很管用，虽然不是所有情况下都管用。我们的经验说明，如果我们及早并巧妙地在动荡地区开展外交行动，外加国际社会立场一致，以及各项必要资源作为后盾，我们就可以成功地预防冲突或控制住局面。

中国在这方面起着关键作用，不管是针对各种具体情况，还是关于如何在 21 世纪处理全球治理这些重大问题方面的一般性辩论，都需要听到中国的声音。正因为如此，这种对话就变得这么重要。也正因为如此，我希望在今后的岁月里，这种对话会发扬光大。我们坚信，我们和中国的合作伙伴关系会给世界带来更多的和平、安全和繁荣。

祝大家马年快乐、身体健康、事业有成！

谢谢大家！

全球治理与中国的责任和贡献[*]

徐浩良[**]

亲爱的各位朋友、各位同事，尊敬的各位来宾：

我很高兴能参与此次"变革中的全球治理——中国与联合国"国际会议，此次会议意义重大，正当其时。感谢主办方邀请我到此演讲。2012年，联合国开发计划署和中国国际经济交流中心发起了一个联合项目，组织了全球治理高层政策论坛，并出版了中英文版的《重构全球治理——有效性、包容性及中国的全球角色》报告。在该联合项目中，我们与外交部合作。我很欣慰地看到，本次会议上的交流讨论将为全球治理这一重要领域提供新的真知灼见。

近几十年来，许多曾经的低收入国家取得了较快的增长和社会经济发展，带来了许多资金、技术及人力资本，可用于帮助其他发展中国家，促进发展改革和转型。这些新兴经济体近期克服了许多相同的挑战，因此也有许多经验可供借鉴。名为《南方的崛起：多元化世界中的人类进步》的2013年人类发展报告强调了这些新的事实，并指出：新型经济体已经成为社会经济政策的创新源泉；新型经济体作为其他发展中国家的经济合作伙伴，其作用愈发重要；新型经济体必将在国际治理体系中扮演更重要的角色。

中国是世界人口第一大国、世界第二大经济体，也是世界最大的货物贸易国。中国在许多方面正逐渐成为国际事务的领导者，并对新兴的国际治理制度、进程和规范发挥日益重要的影响。中国是联合国的创始成员

---

[*] 本文为2014年1月13日由联合国训练研究所、中国联合国协会和复旦大学共同在上海主办的"变革中的全球治理——中国与联合国"国际会议上的主旨发言，题目为编者所加。

[**] 徐浩良，联合国助理秘书长、联合国开发计划署亚太局局长。

国,也是联合国安理会常任理事国。近年来,中国对联合国的贡献日益突出,已经成为联合国维和费用的第六大缴费国,中国维和部队人数是五个常任理事国中最多的。

因此,世界对中国的期待也发生了变化。世界对中国的期待更加多元化,涉及和平与安全、贸易与投资、人权、治理和国际发展合作等诸多方面。与此同时,我们必须意识到:尽管中国在许多领域取得了成功,但中国仍是一个发展中国家,面临诸多发展问题,并且中国也将自身定位成发展中国家。根据世界银行2013年的数据,中国的人均GDP为6091美元,远远低于挪威的99558美元,美国的51749美元,日本的46720美元,德国的41863美元和马来西亚的10432美元。根据2012年中国的官方数据,中国仍有近1亿农村贫困人口,基尼系数达0.474。居住在中国的人都能充分理解,中国在环境保护和可持续发展方面正面临严峻挑战。由于数十年的快速经济发展,以及对现行法律的疏忽和执法不力,当前,空气污染、土地和水污染及粮食安全问题正影响着数以千万计的中国人。大规模城市化的副作用也日渐显现,如青年就业问题、农民工在城市新环境中的心理问题及城市可持续发展问题。中国的人类发展指数仅为0.699,排在世界第101位,排名第一的挪威为0.955,第三位美国为0.937,第10位日本为0.912,第64位马来西亚为0.769。

尽管存在上述问题,但是世界对中国的期待的确已经发生了改变。中国的经济和社会将会继续发展。与此同时,中国将更加注重自身的国际形象,积极回应世界对中国的期待。这不仅关乎政治、安全、贸易和投资,而且关乎另一个极其重要的领域,这一领域近年来变化迅速,中国在该领域中可以发挥强有力的领导作用——这就是发展和人道主义合作领域,我今天的发言也将围绕这一领域展开。

过去几十年来,中国已经支援了全球许多其他的发展中国家,投资公共基础设施建设、进行知识和技术转移、培训政府官员等。中国还帮助许多受灾国家重建家园,做出了杰出贡献。2013年,亚洲开发研究所回顾了金砖五国的发展合作,估算出中国每年提供的援助至少价值40亿美元。中国一贯坚持在南南合作和双边合作的基础上提供发展援助。2011年《中国的对外援助》白皮书明确指出,中国的对外援助基于"平等互利,注重实效,与时俱进,不附带任何政治条件"的原则。白皮书还指出,"中国的对外援助以提供双边援助为主,同时在力所能及的前提下支持和参与联合国等多边机构的发展援助工作,并本着开放的态度同多边组织和其他国家在发展援助领域积极开展交流,探讨务实合作"。

因此,尽管中国通过缴纳会费,在所有联合国专门机构中都做出了贡献,并通过包括联合国机构和计划在内的多边渠道进行对外援助,尤其是灾后援助,但是,中国的对外援助仍以双边援助为主,主要由商务部负责。我认为,中国有如下顾虑:如果中国更多地利用联合国等多边机构进行对外援助,这样一来,中国就有可能会被视为援助国,而非发展中国家。中国仍需要发展,并且与所有发展中国家紧密团结在一起。

同时,现在有这个需要,也有这个空间让中国发展创新思维和新方法,使中国能够更好地探寻对外援助的新方式,并且深化在国际与国家级别的平台上的参与度。在这次讨论中,我将关注于一些关于中国对外援助的议题,并分享关于中国和联合国未来应当如何更高效合作开展工作的想法。这包括中国发挥联合国在开展对外援助以及其内部决策和协调机制的积极作用;联合国对于中国的价值和中国与联合国合作所能获得的收益;中国需要通过多渠道的发展合作对话获益;以及中国需要培养年轻的专业人士进一步发展其援助项目。

如我之前所提到的,中国在各个联合国发展机构的贡献某种程度上被局限于通过各个相关部委对联合国专门机构提供的会费。为应对人道主义危机所提供的财政和重要援助,包括对联合国的贡献,中国还对联合国发展的基金和项目做出了贡献,如联合国开发计划署、联合国儿童基金会、联合国人口活动基金会和联合国妇女署,但这类资金很有限。举例来说,在2013年,中国对联合国开发计划署的贡献创下历史新高,达到600万美元,其中包括支持三边合作、南南合作的专项资金。我可以理解其中缘由,这是因为中国是一个发展中国家,事实上还在接受援助。

但是,与此同时,众所周知,中国对世界银行和其他国际金融机构都做出了巨大贡献。根据我在这些机构网站上查到的资料,中国在世界银行的认购股份占5.76%(129亿美元),是仅次于美国和日本的第三大会员国。2010年,中国向国际开发协会(IDA)第16次补充资金会议支付了

1.61亿美元，并向其他信托基金注资。2006~2011年，中国还向世界银行作为各种全球纵向基金的信托人提供了8000万美元，包括全球环境基金（GEF）、适应基金、特别气候变化基金以及抗击艾滋病、结核病和疟疾全球基金（GFATM）等（中国也是其中一些基金的受益国）。在亚洲开发银行方面，中国最近向亚洲开发银行注资6500万美元，向技术援助专项基金（TA Special Fund）注资641万美元，2012年向中国减贫与区域合作基金注入补充资金2000万美元。同样，中国也对非洲开发银行提供了可观的资金。

为什么会有这样的差距？这其中是否存在一个逻辑问题，至少表象看来如此，中国是否更加重视加权表决系统的机构，而不那么看重各国都拥有平等参与权的联合国发展相关系统？中国在国际金融机构中有更多的话语权吗？有证据能够证明中国在国际金融机构的投入回报率更高吗？还是看谁在决定工作的重点？世界银行为发展金融每年提供250亿~300亿美元的贷款，仅联合国开发计划署每年就提供5亿美元无偿援助。

可以说，如果把联合国不同机构的项目支出加总起来，联合国发展系统与世界银行的重要性很难区分。我提到这些并不是因为我认为国际金融机构不重要，我只是用这个例子来发问，比如之前提到过的战略问题是否被系统地进行检测，现行部委之间的协调机制（如中国外交部－中国商务部－中国财政部，这些机构共同负责）是否有效并起到它该起到的作用。既然中国追求发展其与联合国的关系，追求发展其软实力，我认为我们需要重视这些问题。

中国为何需要借力于联合国？这将如何使中国受益？尤其现在中国正在努力完成2015年千年发展目标，并向2015年后的发展议程继续前进。联合国开发计划署执行委员会近期批准了2014~2017年的战略计划。该战略计划对上述问题进行了有价值的探讨，并将联合国开发计划署定义为：

（1）一个公认的中立方，在重要发展议题的对话和合作上是一个公正的推进者；

（2）在国家层面上是长期合作的可信赖的伙伴，并在繁荣期和萧条期维持此关系；

（3）运用所有发展领域上的专业知识，并能够在不同国家与地区的普遍共性和重要区别上灵活应对；

（4）有能力对实际的发展问题做出应对，包括复杂的、多边的和在各个社会系统中具有独特特点的发展问题；

（5）一个能够在关键的经济、社会转型、环境可持续发展和民主治理等议题上提出建议的合作伙伴，为这些问题提供解决方案和能力建设；

（6）有强大的运营能力，能适应多种多样的条件；

（7）充分利用联合国开发系统的资源，支持其他国家的发展。

很明显，上述联合国开发计划署的比较优势可以帮助确保中国的贡献和援助资金更可靠并且更有价值地得到使用。与联合国合作还有助于中国的对外援助有效地利用联合国使用的一系列标准和制度，提高中国的能力，并且减少我们不时在媒体中看到的对中国的批判。中国应当把联合国发展系统视为一种资源。我认为这并不仅是在人道主义援助方面的议题，在发展合作上也是如此。现在的挑战是：需要找到适宜中国的合作方式，双方对联合国的附加值有共同的认可，同时通过试点建立对联合国的信心。我很高兴联合国开发计划署和中国商务部在此方向上已取得显著进展。

我们来简略地看看传统援助国是如何根据机构的效益和效率来使用其多边渠道帮助它们自己执行双边援助。根据我们对经济合作与发展组织数据的分析，在日本，约40%的援助是通过多边渠道进行的，在英国则是37%，韩国为26%，美国为17%，经济合作与发展组织国家发展援助委员会的平均值为30%。

在中国提供发展援助的国家中，一个常见的问题是中国并不积极参与国家层次的多边发展对话。为什么会这样？中国白皮书中提及的一些原则或许能提供部分解释。中国可能视这些为中国并不完全赞同的巴黎或釜山进程有关援助效率方面的努力的一部分。中国也可能认为，其援助活动已经充分与东道国政府协作，无须通过多边论坛来进一步讨论。然而，中国很可能忽略了一些细节：（1）这些发展对话毫无例外是由东道国政府主办或协办；（2）虽然中国确实与东道国政府已有协调，但大多数的其他合作伙伴并不了解中国的计划，信息的缺失又往往会导致各方对中国意图的猜疑；（3）中国错失了让其他合作伙伴了解其目标、政策、贡献的机会，以及将中国打造成一个结果导向的、富有建设性的发展伙伴的机会。在我看来，中国在援助效率问题上的立场不应该阻碍其积极参与国家层次的多边对话。联合国开发计划署一直以来都与这些对话有着密切的联系，并随时愿意为中国提供一切所需的支持。

随着中国在多边场合中的自信日益增加，中国需要打造一支专业的、熟悉不断变化的参与规则和多边援助实践的精英队伍。中国的援助大部分仍将在双边领域展开。双边和多边援助都要求中国具备符合条件的人才和有效的机构。在人才方面，联合国能提供丰富的培养中国青年志士的土壤。事实上，这也将有助于增加联合国机构内中国工作人员的数目，并且在政府中培养一批熟悉国际实践、了解联合国组织文化的年轻专业人员。目前，在联合国秘书处系统中工作的中国人共有460名，仅占整个联合国职员的1.09%，与中国缴纳的联合国会费不成比例。在现有的460人中，仅约35%（160人）是非语言类的专员或管理人员，其中仅10人左右达到了高层（D1及以上级别）。所有其他安理会成员国的工作人员都远远多于中国，包括在联合国高层。

联合国开发计划署目前设有一个初级职业官员项目（Junior Professional Officer，简称JPO项目），以培养年轻的专业人员（P1/P2级别）。联合国经济和社会事务局为秘书处设立了相似的项目。这些项目主要由经合组织成员国资助，用以支持本国年轻人在联合国工作。过去，中国因各种原因包括成本问题而没有加入。而如今，中国驻外外交官的费用已经与JPO的成本不相上下。中国政府完全有能力对自己的JPO项目提供财政支持，但这需要认识JPO项目的价值。在这里，日本的经验值得借鉴。在过去十年中，日本支持了近300名JPO官员到联合国各机构工作，其中一大部分在开发计划署。统计数字表明约50%的JPO官员会留在联合国，其他则会进入政府或私营部门。在过去十年中，由于JPO项目的支持，日本在开发计划署中的职员人数有了显著增长。尼日利亚也看到了JPO的价值，并决定资助本国的JPO项目。我们目前正在招聘尼日利亚的第一批JPO。

我要说的是，中国需要新一代年轻人，把中国的对外援助带领到一个新的高度。对此，联合国、世界银行及其他多边组织可以提供相应的帮助。联合国有一个青年专业计划考试，联合国开发计划署也正在考虑实施招募更多 P3/P4 级别员工的新计划。联合国开发计划署还与中国商务部建立了工作借调合作。诸如此类的合作无论对于中国还是联合国都是双赢的，并且能够提高中国的话语权以及软实力。但是，一切成效都需要时间的检验，我们必须从现在就行动起来。

我相信现在需要对制度层面进行重新评估。正如我之前所提到的，当下的问题是谁能站出来争取更多的多边发展援助。与此同时，也许提供援助的中国机构数量太多，它们不能很好地协调合作，不能产生实际的影响力。而在我所知的大多数国家中，外援更多地由少数几个核心机构负责。相应的问题是如何把贸易投资和发展援助区分开来；另外，如何在某些情况下提供贸易性和投资性的援助。若想要实现这一点，则需要不同的机构和经验。

如今，很多挑战仅凭中国的一己之力是难以解决的。通过与联合国（包括联合国开发计划署）的合作，中国将有能力实现其区域影响力，如如何应对小岛与发展中国家、不发达国家转型、中等收入陷阱等一系列问题。由于时间关系，希望在下次的会议上，我们能够得到所期望的答案。

联合国致力于与中国合作，共同探索新的合作机会和更深层次的合作。重新审视中国多边援助的途径，以加强中国作为国际发展领袖和国际体系中负责任的大国的声誉和地位，将对中国大有裨益。现在，中国需要更多地投资于年轻人，为将来培育一代能够管理并执行中国未来援助项目的专业人员。积极行动，更待何时！

非常感谢。

中国梦与全球治理

黄友义[**]

女士们，先生们：

大家上午好！

感谢会议主办方的邀请，很荣幸参加本次大会并发言。

2012年年底，中国领导人习近平在参观《复兴之路》大型展览时，提出了中国梦这一重要理念，进一步揭示了中华民族的历史命运和当代中国的发展方向，极大地激发了中国人民发展国家、振兴民族、创造幸福生活的热情，也引起国际社会的高度关注和强烈反响。

就在一个月前，也是在上海，来自20多个国家和地区的近百名专家学者，围绕"中国梦与中国道路""中国梦与世界繁荣""中国梦与和平发展"等议题，进行了热烈坦诚的交流。当时，有学者着重讲述了"中国梦与中国治理"的问题，结合今天大会的主题，我就"中国梦与全球治理"这一问题谈几点认识，与大家交流。

一 世界新变局呼唤更加有效的全球治理

几年前，有美国学者提出，"如何创造出适应全球化新现实的有效治理模式，决定着全球化的前途与命运"。今天，面对日趋复杂多变的国际形势，这个命题显得更加迫切和必要。

当前，世界各国相互联系更加紧密、相互依存日益加深，遍布全球的

---

[*] 本文为2014年1月13日由联合国训练研究所、中国联合国协会和复旦大学共同在上海主办的"变革中的全球治理——中国与联合国"国际会议上的主旨发言。

[**] 黄友义，全国政协委员、中国外文局总编辑。

众多发展中国家共计几十亿人口正在努力迈向现代化，主要发达国家也在不断调整经济结构和社会治理，努力应对各种挑战。应该说，和平、发展、合作、共赢的时代潮流更加强劲。

但同时，天下仍难言太平，发展问题依然突出，世界经济进入深度调整期，主要经济体复苏艰难，国际金融领域仍然存在较多风险，各种形式的保护主义上升，部分地区动荡局势加剧，全球治理的难度和挑战明显增多。

2013年8月，联合国开发计划署驻华代表处与中国国际经济交流中心共同发布了一份题为《重构全球治理——有效性、包容性及中国的全球角色》的报告，指出了全球治理体制所面临的三个主要挑战：中国等新兴经济体崛起后全球力量地缘分布的改变；气候变化、经济不稳定等全球问题的增加；全球公共产品供给需在合法与公平方面得到提升。当然，这还只是全球治理所面临挑战的一个缩影。

有中国学者预测，未来五到十年，世界各国对全球治理改革的需求将前所未有的强烈。

二 联合国在全球治理中无可替代但无法单打独斗

联合国是二战临近结束时成立的第一个也是目前唯一一个单一的、最全面的全球治理的机构。自成立以来，联合国在维护国际和平与安全、推动各国友好合作、促进人类共同发展方面做出了巨大贡献。正如人们常常说的一句话："联合国不能够把人类带到天堂去，但是联合国可以避免人类走向地狱。"

联合国作为最具普遍性和权威性的政府间国际组织，应该在全球治理中发挥核心作用。但实事求是地讲，以当前全球治理的复杂艰巨程度，联合国所具备的人力、财力和能力，还无力单独挑起全球治理的重担。反倒是欧美西方发达国家，长期占据着全球治理的主导权和话语权。这种垄断对全球治理的有序、健康、可持续推进，显然是有害的。特别是2007年美国次贷危机以及2010年欧洲主权债务危机的爆发，动摇了欧美治理观念及国际货币基金组织、世界银行等传统欧美主导的全球治理机制的合法性。

构建一个能够及时反映世界政治经济新变化、有效满足层出不穷的全球性新挑战的更加公平正义的全球治理秩序，是我们无法回避的重大课题。

三 中国梦为全球治理增添"正能量"

中国梦提出一年多以来，已经在中国的现实生活中发挥出巨大的感召力，大大激发了普通中国人的奋斗意志，形成了推动深化改革、扩大开放的巨大力量。13亿中国人民实现梦想，不仅将使中国的面貌焕然一新，也必将对全球治理做出新的贡献。

中国梦倡导平等协作，将有力推动建立更加公平正义的全球治理秩序。中国梦既是国家的梦，也是民族的梦、个人的梦。中国梦不分大小，不分寡众，不分高低贵贱。正如每个国家、每个组织，甚至每个人都可以在全球治理中发挥重要作用一样，中国梦的建构过程就是在现代治理理念与治理方式下的现代社会建构过程，是全社会共同参与、充分协作的过程，也只有通过这样的过程才能有效整合社会多元价值观。在国际上，我认为，不论是大国还是小国，全球性国际组织还是区域性国际组织，跨国公司还是个人，大家可根据自身综合实力和影响力的不同，承担起相应的责任和义务，每个个体都成为全球治理中平等的"利益攸关者"，多一些公平，多一些正义。

中国梦倡导互利共赢，将为全球治理注入持久发展的动力。加强全球治理，核心是解决发展问题。联合国副秘书长丽贝卡·格林斯潘（Rebeca Grynspan）女士曾指出，"中国提出发展问题应该成为全球治理的核心，这本身就是对全球治理机制民主化、完善全球治理的贡献"。中国实施改革开放30多年以来，随着经济社会迅速发展，中国对世界经济增长的贡献越来越大，也为世界各国经济发展提供了动力，实现中国梦的进程就是中华民族对人类发展做出贡献的过程。我仅以旅游为例来列举几个数字。刚刚过去的2013年，中国出境旅游人数约9730万人次，中国对国际旅游市场增长的贡献超过30%。预计2014年中国出境游人数将突破1亿人。2013年10月1~7日，中国国庆节假日期间，中国游客在英国的人均消费高达8000英镑。同时，过去的一年，中国还有上千亿美元的资金投向境外市场。

　　本次会议的主办方之一是联合国训练研究所。相信你们一定注意到中国存在着一个巨大的教育和培训市场。我们开会的场所——中国浦东干部学院就是一个培养高层公共管理人才的地方。为了建立现代化的治理机制，各行各业都需要开展培训。以翻译教育为例，这并不是一个人数众多的专业。即便如此，中国翻译协会每年利用暑假时间举办翻译专业教师培训班，每次都有300多名高校教师参加培训。这个培训班被认为是全球最大的暑期翻译专业教师培训班。江苏省有一个专门的培训机构，通过模拟联合国会议，向中国学生传授国际专业知识。他们还举办模拟培训，帮助中国学生以及外国留学生了解全国人民代表大会和中国人民政治协商会议的知识。可以说，一个不断发展起来的中国，一个越来越有梦想、越来越想实现梦想的中华民族，带给世界的首先是希望和机遇。这种希望和机遇，也正是全球治理扎实推进的重要动力。

　　中国梦倡导开放包容，将推动全球治理价值的"和而不同"。全球治理的价值应当是超越国家、种族、宗教、意识形态、经济发展水平等各种因素之上的，是大家都能够认可和接受的价值。但是，由于各国历史文化传统和现实条件不同，各国有着不同的价值理念和追求。有效的全球治理一方面要求各国之间存在共同的价值追求，另一方面又要尊重各国的多样性需求，唯一的出路便是"和而不同"。在这方面，中国梦恰好与其完全吻合。中国梦与世界各国人民的美好梦想相通，不仅造福中国人民，而且造福世界人民。中国梦不排斥其他一切美好的梦、友善的梦、积极的梦，不受民族、肤色、语言、地域、信仰的影响。中国梦不是为了战胜谁、超越谁或取代谁，而是为了造福中国人民，并推动世界共同发展。

　　中国梦倡导和平发展，有助于全球治理在安全稳定的环境中推进。和平发展是中国梦对世界的郑重承诺。只要稍微注意一下世界上那些发生冲突的地区，就不难得出结论，没有和平，再美好的梦想也难以实现。中国梦是在走和平发展道路的过程中提出的，也将通过走和平发展道路来实现。中国历来坚决反对霸权主义和强权政治，反对侵略扩张和肆意干涉别国的内政，尊重主权国家的领土完整和统一。中国的发展不会走历史上西方国家殖民扩张、掠夺他国资源的老路，而是主要依靠自身的资源力量，通过积极参与全球化的过程，通过与世界各国开展平等互利的合作来壮大自己。实现民族复兴的中国将是维护世界和平发展的一支重要战略力量。

朋友们，每个人和每个机构都可以在全球治理中发挥作用。我本人所任职的中国外文局，也正在做着一些探索。外文局是中国历史最悠久、规模最大的专业国际化传播机构。我们每年以10余种文字出版5000余种图书、编辑近30种期刊、运营30余家网站，书刊发行到世界180多个国家和地区，网络受众遍及世界各地。我们对外传播的信息，全面反映了中国悠久的历史文化，真实展现了中国改革开放取得的新进展、新成就以及中国面临的新挑战，为增进中外理解和友谊发挥了积极作用。例如，我们与耶鲁大学合作出版的"中国文化与文明"大型系列丛书（China Culture and Civilization Series）走过了20多年的历史，成为中美合作出版史上的开拓之举。该项目开创了新型合作方式，双方作者共同写作，将中国博大精深的优秀文化，用外国读者容易理解的方式，奉献给各国的广大读者，使之成为全人类的共同财富。在过去的一年里，我们还举办了"中印高层媒体论坛""中非媒体论坛""中国梦的世界对话"等双边和多边国际文化交流活动，致力于中国与世界的文化交流和相互了解。

女士们，先生们，前不久结束的中国共产党第十八届三中全会提出了全面深化改革的总体方案，绘制了中国未来发展的蓝图。走在圆梦道路上的中国，将以更加积极的姿态参与国际事务和全球治理，中国梦的实现，与世界梦的共通共享，也将为全球治理发挥更加积极的建设性作用。

预祝本次会议圆满成功，祝大家新年快乐。谢谢！

上海、中国与联合国[*]

孙旭东[**]

各位嘉宾,女士们,先生们:

非常高兴今天有机会参加上海联合国研究会的成立大会。上海联合国研究会是在党的十八大提出"积极参与多边事务,支持联合国等",我国多边外交面临新的机遇和挑战的大背景下成立的,具有重要的现实意义。我谨代表外交部国际司对研究会的成立表示热烈的祝贺。相信在陈健、潘光会长的领导下,研究会一定会密切跟踪国际大势,为中国的联合国研究,为推动开创有中国特色的大国外交做出新的贡献。

女士们,先生们:

作为世界上最具代表性、最具权威的国际组织,作为国际多边体系的核心,联合国在60多年的发展历程中为维护世界和平与安全、推动国际协调与合作、促进全球繁荣与发展做出了巨大贡献,为建立国际政治经济新秩序进行了不懈的探索与努力。自1971年恢复联合国合法席位以来,中国作为联合国安理会常任理事国之一,在这一领域的外交活动不断拓展深化。如何更好地发挥中国在联合国的作用,做好中国的联合国外交工作,是我们应不断研究总结的一项长期任务。下面,我愿根据主办方的要求,围绕"中国与联合国"的主题谈一些个人看法。我想主要从联合国的作用及其发展演变、中国参与联合国活动的情况、对上海联合国研究会的建议三个方面来谈。

一 联合国的作用及其发展演变

众所周知,联合国是在两次世界大战的惨痛教训基础上成立的。二战

---

[*] 本文为2013年9月12日在上海联合国研究会成立大会上的主题演讲。
[**] 孙旭东,外交部国际司参赞。

期间，世界主要大国就开始酝酿成立普遍性安全机制。二战结束后建立的国际体系，政治上以联合国、经济上以布雷顿森林体系为标志，运行至今。联合国为世界的和平与发展、对各类全球性问题的解决承担着重要责任，发挥着不可替代的作用。

首先，联合国减少了局部战争，并为避免发生新的世界大战发挥了关键作用。《联合国宪章》作为当代国际法的基础和核心，其所确立的新型国际关系准则、维和行动、预防外交等机制和措施对预防、遏制冲突爆发以及结束、缓解已爆发冲突发挥了重要作用。安理会及五常地位的确立，形成了集体安全机制的核心，是防止发生新的世界大战的关键因素。

其次，联合国推动了经济和社会发展。联合国制定了大量促进经济、社会发展的国际文件；提出和推广了对世界经济发展模式产生重大影响的"可持续发展"和环境保护等概念；召开了一系列有关发展的首脑会议；制定了千年发展目标（MDG）并促进其落实；筹集了数量可观的援助发展中国家的资金。这些都对世界经济和社会发展产生了积极的推动作用。

第三，联合国促进了国际立法和国际规则制定。《联合国宪章》确立了主权平等、和平解决国际争端等维系世界和平与稳定的基本原则。60多年来，联合国主持制定了一系列法律，从维护世界和平到促进发展，从促进人权到保护文化，从保护妇女儿童权利到防治艾滋病，从保护海底资源到和平利用外层空间，涉及国际社会的诸多领域，为国际社会的稳定与正常运转发挥了重要作用。

冷战结束后，特别是进入21世纪以来，和平与发展成为时代主题，世界多极化和经济全球化趋势不断发展，各种全球性挑战和威胁日益增多，以联合国为中心的国际多边机制作为制定国际规则和开展国际合作的载体，在国际事务中扮演着更加重要的角色。联合国处理的事务涉及政治、安全、经济、发展、社会、文化、法律、科技等各个领域，跨越传统和非传统安全威胁和挑战。但同时也要看到，联合国日益繁重的任务与其能力和效率的落差逐步明显。虽然联合国自成立以来，一直在根据形势的变化和要求进行改革和调整，但2003年美国抛开安理会发动伊拉克战争，使国际社会要求通过改革加强联合国作用、增强其权威、提高其效率的呼声上升。

2005年，时任联合国秘书长安南提交了题为《大自由：实现人人共享的发展、安全与人权》的综合报告，就联合国各领域改革提出建议。2005年9月，联合国成立六十周年首脑会议通过《成果文件》，确定安全、发展和人权为联合国三大支柱，并对各领域改革提出了指导性意见。联合国改革在2005年世界首脑会议前后达到一个高峰。大家可能也对当年安理会改革激烈、复杂的外交斗争记忆犹新，这场斗争迄今还没有完全落幕。2005年后，联合国改革取得一些进展，设立了人权理事会、建设和平委员会等机制，通过了《全面反恐战略》等文件，但在发展中国家关注的发展领域进展缓慢。现任秘书长潘基文上任后，继续推动联合国改革。

应当看到，当前仍在深化和蔓延的国际金融危机，进一步推动了冷战后拉开序幕的国际格局的演变和国际体系的深刻调整。国际社会的普遍看法是，当前国际体系已不能准确反映国际现实，需要进行调整，以体现新兴大国在国际事务中日益增强的地位。在国际金融体系改革方面，G20正成为全球经济治理的核心机制。以联合国安理会为核心的国际政治和安全体制的改革也是大势所趋，并将对联合国自身及国际格局的发展走向产生重要影响。如何参与和引导好这些改革，使其符合我国家利益和需求，是我们今后在开展以联合国为核心的多边外交过程中需要认真研究的课题。

二 中国参与联合国活动的情况

中国是联合国的创始国，但新中国的联合国外交起步较晚。1949年以后，由于西方对华敌视和封锁，我国长期被孤立在国际体系之外。20世纪50年代的日内瓦会议（关于朝鲜问题和印度支那问题）和万隆会议，是我们在多边外交舞台上首次光彩亮相，受到国际社会的普遍关注。1971年联合国大会通过2758号决议，恢复了我国在联合国的合法席位。这是历史性的转折，我国围绕联合国展开的多边外交从此正式起步。40多年来，中国政府奉行独立自主的和平外交政策，从世界人民和中国人民的根本利益出发，维护《联合国宪章》的宗旨和原则，全面、积极、深入地参与联合国在政治、反恐、军控、防扩散、经社、发展、人权、维和等各个领域的工作，支持联合国在国际事务中发挥中心作用，发挥了一个和平、合作、负责任国家的作用。具体有以下七个方面。

(一) 首脑外交

中国领导人一直重视联合国作为多边舞台的重要作用。1974 年，邓小平同志出席第六届特别联大，阐述了建立公正合理的国际经济新秩序的主张。1995 年和 2000 年，江泽民主席两次出席联合国首脑会议，就和平与发展的一系列重大问题及联合国发展方向阐述了中国立场。2005 年，胡锦涛主席在联合国 60 周年首席会议上提出了建立持久和平、共同繁荣的和谐世界的主张。2008 年、2009 年和 2010 年，温家宝总理、胡锦涛主席连续三年出席联大有关高级别会议和一般性辩论。可以说，联合国已成为中国开展"首脑外交"的重要平台。

(二) 政治安全领域

中国是安理会五大常任理事国之一，为维护国际和平与安全承担着特殊职能，发挥着特殊作用。中国一贯主张在《联合国宪章》宗旨和原则下通过斡旋、调解、谈判等政治途径和平解决地区冲突。本着这一立场，中国积极参与安理会审议朝核、伊核、苏丹达尔富尔、缅甸及非洲等国际和地区热点问题，并敢于主持正义，维护广大发展中国家和中国的国家利益，为有关问题的妥善处理发挥了建设性作用。尤其是近年来，国际形势虽总体保持稳定，但伊朗、朝鲜半岛、叙利亚、巴以、苏丹、马里等热点问题此起彼伏，交替升温，复杂难解。我国全面参与联合国大会和安全理事会等机构的工作，维护联合国在国际事务中的中心作用，倡导以和平手段解决国际争端。我国充分利用安理会常任理事国地位，深入参与和引导有关热点问题的处理，有力维护了国家利益和形象。坚持政治解决叙利亚问题的方向，牵制西方对叙动武或强推"政权更迭"的企图，推动叙利亚问题的公正、和平和妥善解决。妥善应对安理会介入朝鲜发射卫星、核试验问题，严格执行安理会相关决议。积极参与安理会审议南北苏丹、阿富汗、马里、萨赫勒地区等问题，继续加大参与联合国维和行动的力度，维护利益，树立形象，积累外交资源，统筹我国同有关国家的关系发展。我在联合国工作的时候常听很多国家说，中国作为五常之一的这张票不仅仅是中国一家的,而且是代表整个发展中国家的,对这一点我们问心无愧。

中国支持并积极参与联合国维和行动。我国从 1989 年开始派人参加联合国维和行动,共向 29 项联合国维和行动派出军事人员和警察近 2 万余人次。从 2008 年起,我国派出海军舰队赴亚丁湾参加打击索马里海盗的国际护航行动。中国现为联合国维和行动第 15 大出兵国,在安理会五常中排名第一。目前,有 2150 人正在 10 个任务区执行任务。我国目前维和摊款排名第六,在发展中国家中排名第一。

(三) 发展领域

发展议程涉及减贫、民生、教育、经贸、资源、气候、环境等各领域问题,是联合国最主要的业务之一。实现强劲、包容、可持续的发展是各国共同的诉求。我国在落实千年发展目标,实现可持续发展方面取得了举世公认的成绩。我国积极开展发展领域合作,不但有利于介绍发展道路的实践,阐述科学发展理念和原则立场,增进国际社会的理解和支持,营造对我国有利的国际环境,树立良好形象,同时也可对国际发展领域的规则制定、发展援助责任及义务的划分产生重要影响,避免承担超过我国发展阶段的责任。也正因如此,多年来,我国一直积极参与联合国在经社发展领域的有关活动,开展良好合作,取得了丰硕成果。比如,我国积极参与多边及双边国际减灾合作,在联合国框架下,与其相关机构建立了紧密型减灾合作伙伴关系。我国与联合国开发计划署开展减灾管理项目,与联合国共建国际减轻旱灾风险中心,参与联合国灾害管理与应激反应天基信息平台,并积极筹建北京办公室等。

当前,国际发展形势正在发生历史性变化,我国也面临新的历史机遇:一是以南北合作为主的传统国际发展合作模式受到冲击,传统上南方国家"要"、北方国家"给"的南北合作模式难以为继。二是以中国、俄罗斯、印度、巴西、南非"金砖国家"为代表的新兴经济体迅速崛起。三是国际发展合作的内容与形式更加丰富。随着联合国千年发展目标的实现期限临近,以及联合国可持续发展大会的胜利召开,围绕发展议程制定,特别是如何制定 2015 年后的发展规则问题已引起各方关注。2015 年后国际发展议程是发展问题,也具有很强的政治敏锐性;是国际问题,也关系到国内层面的问题，与国际部门、各层级密切相关，关系到国家重大发展利益。这是当前和今后一个时期我国对外工作的一项重要课题。新形势为我国参与国际发展合作带来了新的挑战，我们需要用新思路加以应对。今后一段时期是我国全面建成小康社会，加快转变经济发展方式，推动经济社会发展再上新台阶的关键阶段。积极参与发展议程制定，有利于提高我国话语权和制度性权力，维护我国发展空间和发展利益，维护我国战略机遇期。制定发展议程也同我国的发展理念、目标、任务有很多默契点，亦可为我所用。如能把握好契机，抓准利益支点和平衡点，参与发展议程制定将更好地服务于我国转变发展方式和全面建成小康社会的目标。

（四）人权领域

自1981年当选为联合国人权委员会成员国以来，我国积极参与联合国人权领域的工作和活动。我国支持联合国人权高专办公室工作并与其开展了良好的合作。在与人权高专办公室签署《合作谅解备忘录》后，我国陆续启动落实《合作谅解备忘录》六大合作项目，并向高专捐款以支持其工作。我国还先后邀请多个联合国人权特别报告员访华，增进了双方的了解与合作。

联合国人权理事会取代人权委员会后，中国作为人权理事会首届成员，本着高度负责和建设性态度积极参与理事会工作，主张普遍定期审议由成员国主导并遵循平等、合作原则，坚持咨询委员会专家由选举产生等主张，在理事会建章立制阶段发挥了积极作用。我国重视国际人权文书对促进和保护人权的积极作用，已加入《经济、社会、文化权利国际公约》等国际人权公约，并继续与联合国人权条约机构加强合作，采取积极措施履行公约义务。我国专家多次出席联合国人权理事会申诉机制来文工作组会议，联合国土著问题常设论坛，联合国经济、社会、文化权利委员会会议等活动，从专家层面为国际人权问题研究做出积极贡献。2009年2月，人权理事会国别人权审查工作组首次对中国进行审议。中国代表团本着高度负责和建设性的态度参与审议，与各方进行了开放和坦诚的对话。2013年10月22～25日，人权理事会国别人权审查工作组将对中国进行第二次审议。

(五) 社会领域

联合国有 15 个专门机构以及联合国经社理事会下属诸多委员会,包括世界知识产权组织、世界卫生组织、国际电信联盟、联合国教科文组织等,这是我们开展多边社会领域外交的重要平台。多年来,我国参与联合国在社会发展、妇女、教科文卫、禁毒、知识产权、劳工、移民等各领域的工作,经历了从无到有、从有到多、从多到深的过程,为国内建设和发展做出了重要贡献。主要体现在:

(1) 借鉴国际先进治国理政经验。多边社会领域机构可以说是各类信息、资源和经验的集散地。比如世卫组织汇集了世界各地流行病传播和防疫信息,为我们按照国际通行做法应对禽流感等疫情提供了参考。

(2) 参与标准与规则制定,拓展制度性权力和利益。比如我国自主知识产权的 TD – CDMA 技术,被国际电联接纳为第三代移动通信国际标准,为我国增加了约一万亿元的国内生产总值。

(3) 提升了国际影响,树立负责任大国形象。比如我国自 2011 年起,连续四年在教科文组织设立中非教育信托基金,支持非洲国家的教师培训,既促进了我国与受援国的合作,又潜移默化地输出了中国理念、中国经验。

(六) 裁军领域

我国支持联合国在国际军控、裁军与防扩散领域发挥重要作用。我们继续致力于维护和加强《不扩散核武器条约》的普遍性和权威性,与各方共同平衡推进核裁军、防扩散及和平利用核能三大目标,支持《全面禁止核试验条约》的宗旨和原则,积极参与条约组织筹备委员会工作。

我国高度重视日内瓦裁军谈判会议的作用,积极参与会议各项议题。我国积极推动国际社会重视并处理防止外空军备竞赛和防止外空武器化问题,认真履行《禁止化学武器公约》《禁止生物武器公约》《特定常规武器公约》等,认真参与联合国关于裁军问题的审议和谈判,提出了许多合理、可行的政策倡议和主张,为推动核裁军和常规裁军,防止外空武器化等工作取得实质进展发挥了重要作用。

我国支持联合国倡导的防扩散活动,积极参与国际防扩散进程和安理会 1540 委员会工作,以建设性态度参与联合国军备透明等方面的政府专家组织,支持"打击核恐怖主义全球倡议"的目标和原则,并在国内建立了全面、有效的出口控制法规体系,有关政策和做法与国际通行做法基本一致,并不断加大相关执法力度。

作为对联合国和多边军控、裁军和防扩散工作的支持,我国多次接待联合国裁军培训班来华学习访问,受到联合国积极评价。

(七) 法律领域

多年来,我国全面参与联合国法律领域的各项工作,包括联合国主持的条约起草工作,广泛参加并认真履行国际公约,积极参与联合国大会各项法律议题审议,参加联合国国际法委员会等与法律有关委员会的工作,并选派专家学者在国际立法和司法机构中任职,包括担任国际法院法官,为国际立法和司法做出了贡献。

当前,多边法律外交已成为各主要大国围绕国际秩序和体系进行斗争的重要战略抓手。国际法体现大国关系调整的结果,反映国际关系中占主导地位的价值观和意识形态。国际力量对比的变化必然反映在国际法律体系的变动中。去年,我们成功挫败了日本以区区不足 10 平方米大小的冲之鸟礁攫取数十万平方公里管辖海域的非法图谋,维护了我国东出太平洋海上战略通道的安全,拓展了我国远洋活动空间。目前,我们正积极迎战菲律宾提起的南海仲裁案,此案事关我蓝色国土,事关我国在南海的核心利益和长远战略利益,非同小可。

总之,我们需继续围绕总体外交重点、难点和热点问题开展工作,为外交决策提供有力法律支撑,实现"道义上有理、政治上有利、法律上有据"。

三 对上海联合国研究会的几点建议

上海在中华民族的发展和振兴过程中一直占据着举足轻重的地位。在新思想的传播以及学术研究方面也一直开全国风气之先。回顾历史,从

1947年联合国亚太经社委员会的成立，到1994年联合国贸易网络中心在上海成立，再到2008年南南全球技术产权交易所的成立，上海一直是中国对外开放的窗口，是中国与国际多边机构交流合作的重要舞台，为促进中国与联合国之间的交流与合作做出了重要贡献。

当前，国际形势正处于大变革、大调整之中，世界各国更加看重联合国在领导多国处理全球性问题时的地位和作用。希望并相信上海联合国研究会能继承传统、发挥优势，取得更多成就，为中国的联合国研究和发展做出更大的贡献。至此，我也想利用这个机会，对研究会今后的发展提几点建议。

（一）解放思想，提高研究的前瞻性

国际形势中的新的、重大的动向，国际关系中的新理论、新思潮往往首先反映在联合国，如"保护的责任""人道主义干预"等。我们应密切关注前沿理论动态，多研究多边外交的这些新形势、新问题和新理念，紧跟时代步伐，甚至走在时代前列，让研究结果更具时效性、前瞻性。

（二）统筹协调，突出重点

作为一个跨学科的研究领域，中国的联合国研究如果要达到国外同类研究的"显学"水平，还有很长一段路要走。当前，国内联合国研究的关注领域相对广泛，可加强与各机构的横向联系，深入联合国关注的重点领域以及当前各国关注的热点领域，如和平与安全、发展问题、人权事务、网络安全等，在这些领域多出成果。

（三）加强可操作性，服务于总体外交

中国的联合国研究必须与我国的国情紧密结合，对内为政府决策和外交一线工作提供具有前瞻性、可操作性的政策建议；对外有选择地与国外多边学术机构开展交流与合作，以跟踪、了解国际上有关联合国改革和其他多边机制发展的新动向。推动中国与联合国的合作不断向前发展。

"海阔凭鱼跃，天高任鸟飞。"随着中国在联合国中发挥越来越大的作用，世界对中国联合国研究的成果也会愈发关注。中国在将联合国"引入"方面已经做了很大努力，但在"让中国观点走向世界"方面还有很大的发挥空间。未来的中国联合国研究将会有更大的发展，希望上海联合国研究会抓住历史机遇，取得更大成绩。

谢谢！不妥之处，请大家批评指正。

青年论坛
Youth Forum

初析全球清洁能源治理的趋势

于宏源[*]

[**内容提要**] 在应对气候变化和能源安全的大背景下,清洁能源日益成为未来国际能源体系的支撑。本文认为,在应对全球能源环境挑战过程中,世界各国既有全球主义下的合作也有竞争,全球面临着零和困境。清洁能源却赋予人类的能源合作一缕曙光。国际能源体系的主导权正朝着清洁能源方向发展,低碳经济已经成为国际经济的增长热点,欧洲、美国和日本在综合、高效、环保地利用传统能源的同时,因地制宜,大力开发核能、水力、风能、生物能源等清洁能源,坚定不移地奉行能源多元化战略已成大势所趋。与此同时,只有推动全球合作才可能实现全球绿色发展。

[**关键词**] 清洁能源 全球治理 国际合作

能源对于各国的重要性不言而喻。整个20世纪的100年,人类消耗了2650亿吨的煤炭,消耗了1420亿吨的石油和天然气,21世纪的头50年,这些能源的消耗总量将超出20世纪4~5倍。[①]全球经济的发展很大程度上依赖于如何解决能源匮乏这个难题,世界上至今还有16亿人口缺乏基本的能源使用。与此同时,气候变化、低碳发展、粮食安全,甚至水资源问题都和能源短缺环环相扣,而上述问题的发展与恶化使全球各国需要携手共同推进低碳能源的发展。在应对气候变化和能源安全的大背景下,清洁能源日益成为未来国际能源体系的支撑。

21世纪是人类发展史上的重要里程碑,全球一半人口正在或已经进入

---

[*] 于宏源,上海国际问题研究院比较政治和公共政策所副所长、研究员。
[①] Christof Rühl, " Global Energy After the Crisis," *Foreign Affairs*, Vol. 89, Issue 2, 2011, p. 32.

资源密集型工业化社会，传统的南北关系和资源环境体系受到严重冲击。伴随着美欧日经济复苏、新兴发展中国家持续增长和能源需求供给矛盾失衡现象，传统能源危机的直接后果是西方国家的传统主导权受到挑战。由于世界探明石油储备只能满足40年的消费需求，而天然气储备也只能够满足60年的消费需求，因此，在传统能源领域，全球面临着零和困境。清洁能源却赋予人类的能源合作一缕曙光。国际能源体系的主导权正在朝向清洁能源方向发展，低碳经济已经成为国际经济的增长热点，欧洲、美国和日本在综合、高效、环保地利用传统能源的同时，因地制宜，大力开发核能、水力、风能、生物能源等清洁能源，坚定不移地奉行能源多元化战略已成大势所趋。

一 世界能源消费面临的问题

进入21世纪，世界能源可持续发展面临严峻挑战，主要体现在三个方面：能源消费需求高速增长；传统能源的供应安全问题；环境保护和温室气体减排压力日益增大。据英国BP公司给出的2000～2010年世界一次能源消费总量数据（见图1），可以看到2000年以来世界一次能源消费总体呈上升趋势。根据其预测，到2030年世界能源需求将增加39%。目前世

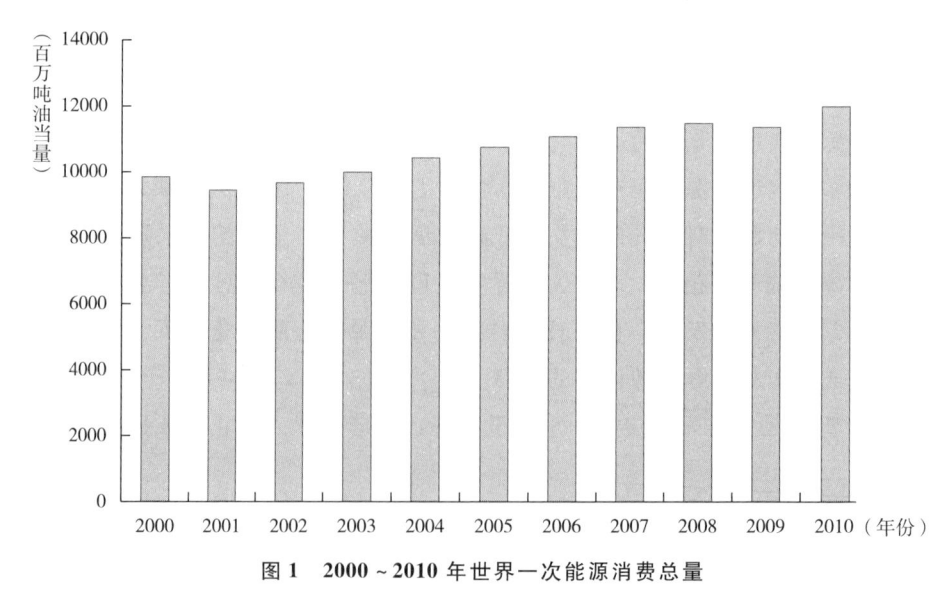

图1 2000～2010年世界一次能源消费总量

界一次能源的供应主要还是来源于化石能源,即石油、煤炭和天然气,分别占一次能源总供应量的34%、30%和24%(见图2)。但是,化石能源全球范围内的分布并不均匀:亚洲煤炭资源量占世界总储量的56%以上,北美约占26%以上;① 而石油的分布更加集中,中东地区的石油储量约占世界总储量的2/3。② 如此不均匀的分布导致世界石油供应风险很大,价格不断上涨,2000~2010年以来世界原油价格从28.23美元/桶上涨至79.04美元/桶。一次能源价格的起伏对世界能源供应安全产生了很大的负面影响。

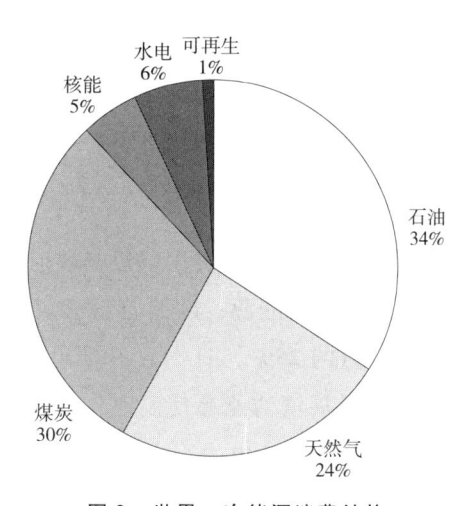

图2 世界一次能源消费结构

全球的能源格局出现两大重要的变化:一是供需的一体化,如美国页岩气革命;二是供需的相对割裂状态,特别是在亚洲以及中国。这将造成国际政治领域出现两个不同的结果:一是中国需要承担更多国际性的公共物品,如在能源安全保障、机制和全球治理方面,中国需承担更多的责任和义务;二是在对外能源和对外资源联系方面,美国与外部世界能源联系的下降,将削弱美国提供全球公共物品特别是能源经济秩序的动力,这也就增加了全球能源安全的不稳定性。

另外,以化石燃料为主的能源结构还带来了严重的气候变化和环境破坏问题。化石燃料燃烧排放二氧化碳引发的全球变暖已经引起世界各国的

---

① 国家煤炭工业网,http://www.coalchina.org.cn/page/info.jsp?id=4536。
② 中新网,http://finance.chinanews.com/ny/2010/07-08/2389532.shtml。

广泛关注,控制二氧化碳排放量刻不容缓。燃煤电厂产生的烟气和颗粒物形成酸雨,并导致大气质量下降,给生产生活带来严重危害。汽车尾气中的有害气体和颗粒物导致城市空气质量下降,严重威胁居民健康。

世界能源消费面临的问题在我国也同样存在。能源需求方面,目前我国经济的高速增长带动了能源需求的快速增长。从2000年开始,我国能源消费年均增长速度接近8%,且预计未来会进一步增长。同时,我国人均化石能源拥有量远低于世界水平,可以开发利用的煤炭资源储量不足,油气资源则更为匮乏。据中国工程院预测,2030年我国石油进口依存度将达到70%。另外,我国已成为世界第一大二氧化硫和二氧化碳排放国,环境污染情况十分严重。

由于传统能源消费的种种问题,包括中国在内的世界很多国家都在大力进行能源消费结构的调整,发展新的清洁能源技术。世界各国政府和机构都提出了清洁能源技术的发展目标。美国奥巴马政府提出要在2012年实现美国10%的电力供应来自清洁能源;欧盟首脑会议提出2020年使清洁能源占欧盟25国能源消费量的25%;日本政府推出绿色能源新政,提出到2050年依靠能源效率和发展清洁能源使温室气体减排80%以上;澳大利亚提出2020年清洁能源满足20%电力需求的目标。

在各国政府的大力推进下,近年来世界清洁能源技术实现了大规模的发展。清洁能源技术包括风力发电、太阳能光伏发电、电动汽车、地热能、潮汐发电等。根据全球风能协会的统计,2011年世界风电总装机容量达到2.38亿千瓦,同比增长20.6%;根据欧洲光伏协会的初步统计,2011年世界光伏总装机容量达到6735万千瓦,同比增长69.6%。[①]

二 清洁能源和大国竞争

经历两次能源转型后形成的以石油、煤炭和天然气等化石能源主导的能源体系极大地推动了人类社会的发展,使人类从农业文明过渡到工业文明并不断进步。但是,随着时间的推移和能源消费量的大幅度增加,化石

---

① 能源观察网, http://www.chinaero.com.cn/zxdt/djxx/ycwz/2012/04/119354.shtml。

能源的不可再生性和地域分布不均带来的能源安全问题及其利用所带来的环境污染等难题也日益突出。在这一背景下，发展替代能源、推动新的能源转型的呼声日渐高涨。国际社会试图摆脱化石能源的努力最早可以追溯到20世纪五六十年代核能的兴起。第二次世界大战后，核能作为高效和环保的清洁能源登上历史舞台。20世纪60年代，西方国家普遍看好核能，认为它有望挑战石油而成为新的能源主导。但以后事态的发展却出乎了人们的预料，出于对核扩散和核电事故等的担心，国际社会反对核能的呼声越来越高，核电的发展受到诸多制约。第二波替代能源发展热潮出现在20世纪70年代的两次石油危机之后，包括太阳能、风能、水能、地热能等在内的新能源和清洁能源得到极大发展，核能也进入第二个发展高潮。1973年爆发的第一次石油危机使西方国家受到严重冲击，为降低对石油的依赖，西方国家大力开发替代能源，开始对清洁能源进行大规模研发。20世纪70年代末，全球经历了第二次石油危机，进一步增强了西方国家发展替代能源的意愿和决心。联合国于1981年8月通过了《促进新能源和可再生能源发展与利用的内罗毕行动纲领》，在全球范围内推动了新能源和清洁能源的发展。

从全球权力转移的历史演变来看，当前能源创新是能源气候博弈的核心，国际体系重大结构性变化的前提和条件是能源权力结构的变化，即出现了下一代能源的主导国。[1] 乔治·莫德尔斯基、康德拉季耶夫等认为主要大国均重视创新优势的竞争，丹尼尔·耶金认为技术和制度创新对能源权力结构具有重要意义。气候变化危机为权力竞争带来了新的机会和特征，格莱布和麦斯纳把国家竞争力变迁和技术投资与减轻气候变化成本联系起来。[2] 乔纳森·戈卢布和尼古拉斯·斯特恩等指出欧盟推动气候变化谈判不仅让其在全球治理中占据主动，也为提升创新优势奠定了基础。[3] 因此，世界

---

[1] 转引自于宏源《权力转移中的能源链及其挑战》，《世界经济研究》2008年第2期，第29~34页。

[2] M. Zebich-Knos, "Global Environmental Conflict in Post - Cold War Era: Linkage to an Extend Security Paradigm," *Peace and Conflict Studies*, Vol. 5, No. 1.

[3] Henry Shue, "Avoidable Necssity: Global Warming, International Fairness, and Alternative Energy," in I. Shapiro and J. W. Decena, eds., *Theory and Practice*, New York: New York Univeristy Press.

主要大国都把清洁能源和低碳经济作为减缓气候变化的优选途径。霸权兴衰的前提条件是国际能源权力结构的变化,即是否有国家（或非国家实体）拥有可以挑战现行体制的新的能源链条,这包括：新型能源的发现、能源资源的排他性占有、能源应用技术的革命性进展、能源技术的普及与社会经济能源利用率的提高、国家对能源使用的控制力等。例如,16 世纪英国实现了从生物能源向煤炭能源的转型,而其工业革命比欧洲其他国家提前很多年。富有制度和技术创新优势的美国率先将石油用于工业,领导了内燃机工业革命。美国对各种清洁能源（核能等）技术的占有优势、技术效率优势和逐步加强的国家控制力使其从二战至今保持了世界超级大国的地位。

但自 20 世纪 80 年代中期以后,随着国际油价进入长达十多年的低迷期,替代能源的发展速度一度有所放缓。直到进入 21 世纪后,在能源需求增长、油价攀升和气候变化问题日益突出等推动下,新能源和清洁能源再次引起世界各国的重视,掀起了新一轮发展高潮。

目前国际能源体系的主导权正在朝向清洁能源方向发展。低碳经济已经成为国际经济的增长热点,清洁能源产业已经在全球范围内成为重要的经济增长点,直接拉动投资在 1000 亿美元以上,带动数百万人就业,具有深远的社会和经济效益。[①] 因此,欧美发达国家认为垄断国际体系的前提就必须发展清洁能源。[②] 清洁能源与油气资源不同,它属于自产自销的资源,谁掌握了清洁能源开发装备的制造技术,谁就掌握了发展先机,它在促进本国的能源转型和带动经济发展方面有着双重的直接作用,同时还可以投资国外市场掌握他国的能源命脉。所以,包括风能、太阳能、生物质能、智能电网、电动汽车和储能技术等清洁能源技术的研发、产业化发展和商业化应用已经成为世界各国关注的重点。推动本国清洁能源产业发展,保持国内清洁能源产业的竞争优势、促进清洁能源技术进步、引领未来清洁能源的发展潮流、抢占新一轮能源革命制高点已经成为各国考虑的重要任务。2012 年 11 月,奥巴马再次当选美国总统。在竞选期间,奥巴

---

① 麦肯锡 2009 年报告《中国的绿色革命——实现能源与环境可持续发展的技术选择》,http://www.mckinsey.com/locations/chinasimplified/mckonchina/reports/china_green_revolution_report_cn.pdf。
② 参见于宏源《权力转移中的能源链及其挑战》,第 29~34 页。

马极力推动所谓"绿色新政",即大力支持发展清洁能源,推动创新,以确保美国有最好的技术和最好的技术员来开发清洁能源。目前,美国的能效已经大幅度提高,风能和太阳能发电量翻番。奥巴马也计划推动政府和企业共同投入数百亿美元来加强清洁煤技术。奥巴马在制造业回归中的最重要创举是绘制美国未来清洁能源的蓝图:未来6年支出530亿美元用于高铁建设,增加美国能源部295亿美元的预算要求,大力发展地热技术、电动汽车、太阳能、风能和生物质能,还成立基础能源科学研究中心以便发现新的方法来生产、储存和使用能源。[①] 奥巴马由此宣布:"在2035年时,有80%电力来自清洁能源,包括风能、太阳能、核能及天然气。在2015年拥有逾100万辆电动车。"美国总统奥巴马2012年国情咨文有四大目标,包括在2015年要见到逾百万辆电动汽车在路上行驶、在2016年98%的美国国土有高速无线网络覆盖、2035年有80%的美国人可搭乘高速铁路列车,以及80%电力由洁净能源供应,四大目标中除了加大高速无线网络覆盖范围外,其余三项均与能源创新革命有关。

欧盟在金融危机期间依旧着力推动清洁能源发展计划。[②] 2010年,欧盟提出了下一个十年的发展规划——《欧盟2020战略》。规划强调,欧盟的经济增长方式向"智慧增长""可持续增长""包容性增长"转变。也就是说,在今后的十年中,欧盟追求实现一种以知识和创新为基础,资源效率型、更加绿色和更具竞争力的经济增长。低碳经济是知识经济的重要组成部分,它的发展有助于欧盟提升经济结构并提高欧盟的经济竞争力。其中的关键在于:迅速从传统经济结构向低碳经济结构转变,提高能源使用效率;加快高新、绿色技术的开发和应用,帮助欧盟国家迅速摆脱经济衰退;巩固欧洲国家高新制造业基地的地位;利用低碳节能技术、清洁能源技术为欧盟在国际市场赢得竞争力和经济效益。[③] 欧盟领先的碳捕获与储存技术(Carbon Capture and Geological Storage,

---

① Achim Steiner, "Focusing on The Good or The Bad: What Can International Environmental Law do to Accelerate The Teansition Towards A Green Economy?" *American University International Law Review*, Vol. 25, No. 5, 2010, p. 848.
② 张敏:《高科技产业的"欧洲梦"》,《瞭望》2010年第9期。
③ 约翰·施密特:《为什么欧洲要主导全球变暖问题》,《国际政治》(中国人民大学书报资料中心)2009年第4期,第82页。

CCS）具有很强的经济可行性。这项技术能够在捕捉 CO_2 的同时制造出"氢"用于燃料电池。而且，作为一项末端（end-of-pipe）技术，它不需要对现有的能源基础设施进行结构上的更新便可以简便地应用。欧盟委员会主席巴罗佐指出，"决不能忘记欧洲向低排放经济过渡所产生的巨大经济机遇……到2020年，仅再生能源部门就将带来一百万个就业机会。欧洲可以成为低碳时代的第一个经济体：必须抓住机遇"。① 欧洲商会的研究也表明，气候政策对就业形成了正效应。因为通常能源进口不会给地方带来新的就业，而应用新的能源技术可以在与其相关的支持和服务行业创造工作岗位。数据表明，快速成长的风电企业已经在德国雇用了6.4万人，在丹麦雇用了2.1万人，在西班牙则为3.5万人。② 欧盟的"生物量行动计划"（Biomass Action Plan）预测，行动计划通过生物发电和生物燃料，可以给欧盟25国的电力和交通行业直接提供25万~30万个工作岗位。③ 另外，欧盟已经建成全球最大的碳交易市场。随着全球气候治理的深入，全球碳市场的交易量不容小觑。通过欧元定价的碳交易，带动欧盟相关的金融服务发展，并向全球渗透，人们挑战美国在全球金融市场的优势地位。④

三 东亚国家面临的能源困境

作为仅次于北美洲的新的能源消费中心，东亚国家的能源挑战更为迫切和严重。东亚地区存在的四大风险是：供给源风险、价格风险、运输风险和溢价冲击。⑤ 由于存在这些风险，以及消费国的恶性竞争，中国、日

---

① Commission Staff Working Document, Limiting Global Climate Change to 2 Degrees Celsius: The Way Ahead for 2020 and Beyond, Impact Assessment, COM (2007) 2 final, p. 28.
② Commission Staff Working Document, Limiting Global Climate Change to 2 Degrees Celsius: The Way Ahead for 2020 and Beyond, Impact Assessment, COM (2007) 2 final, p. 28.
③ 周剑、何建坤：《欧盟气候变化政策及其经济影响》，《现代国际关系》2009年第2期，第43页。
④ 薄燕、陈志敏：《全球气候变化治理中欧盟领导能力的弱化》，《国际问题研究》2011年第1期，第37~46页。
⑤ 陈志恒、金京淑：《东北亚能源安全与东北亚能源共同体探讨》，《东北亚论坛》2005年第6期，第9页。

本等付出高昂代价以满足能源需求。[①] 首先，部分东亚国家面临能源安全和环境安全的双重挑战。东亚主要经济大国日本、韩国和中国都存在较大的能源缺口，能源对外依赖严重，石油进口主要来自中东，能源运输都主要依赖印度洋—马六甲一线，无论是在进口来源还是在运输上都存在较大的风险和安全隐患。中国以煤为主的能源消费结构，粗放型的经济增长模式，加上燃煤技术低下，能源发展与环境保护的矛盾十分尖锐。其次，东亚各国缺乏有效的能源安全协调机制。东亚主要能源消费国之间长期处于各自为政、疏于协调的状态。各国的能源进口来源和进口路线较为接近，互相存在较多的同构性竞争。由于东亚地区缺乏有效的区域合作机制和对话平台，加上一些尚未解决的冲突和潜在热点问题，深层次的不信任阻碍了东亚各国在能源安全领域的合作。再次，东亚各国总体上缺乏有效的石油战略储备和预警系统，抵御石油能源危机的能力较弱。除了日本和韩国作为国际能源机构成员国，分别拥有169天和75天石油战略储备外，其他国家大多没有足够的石油战略储备，印度和中国的石油储备仅够一到两周的国内需求。这还造成了中东石油输往东亚地区的价格偏高于输往其他地区的"亚洲溢价"效应。最后，在清洁能源领域，东亚国家合作的利益远远大于传统能源带来的冲突和危机。中国拥有丰富的自然资源和相对廉价的劳动力，而日本和韩国则在新能源和清洁能源等方面具有先进经验和技术。

对于亚太地区来说，一方面现在有很多的机制让各个国家把清洁能源作为优先的发展方向，也有很多的机制愿意来探讨这种能源的问题、环境的问题，这是非常好的方面。另一方面，可以看到由于资源的压力，比如说水、粮食、环境带来连带安全的冲突，水的问题会带来国家之间的不信任，同时新的资源也可能成为国家之间新的竞争焦点，但又缺乏一种治理的机制。刚才讨论到由于中美能源位置的互换，中国一方面没有能力来提供这么多供给；另一方面又面对着美国不断减少国际贡献的挑战，这对全球的能源合作带来了一种新的威胁和挑战。

[①] A. F. M. Maniruzzaman, "It is Time for Asia to Cooperate on Energy Supplies," *The Financial Times*, November 14, 2005; "Energy Cooperation in the Asia Region," Pinsent Masons, March 12, 2006.

四　清洁能源面对新的挑战

推动清洁能源的发展是环境和气候变化的使然。有数据显示，如果不算水电的话，清洁能源在全球的能源结构中从 2013 年来说只占 1.9% 的比重。无论是从比重还是结构来说，其和目前全球的环境保护的要求、气候变化的要求是互相依托的。

另外，全球面临安全的新挑战，那就是所谓的连带安全，其也是写在 2015 年后的发展议程当中，传统意义上的安全可能是所谓的军事安全等。在新的领域，特别是随着气候变化问题的兴起和对人的安全的重视，不再仅是关注安全，而且关注一种关联，这种安全的关联性对于人类的冲击更大。所谓的关联最重要的就是人的基本生活要素的三个部分，即水、粮食和能源。这三种关联性导致全球会出现更多的问题，几十亿人口有饮食结构的变化、交通出行方式的变化、能源使用方式的变化，其会给人类带来巨大的挑战。这种挑战不是单方面的，不是单维度的，不仅是粮食问题、能源问题，而且还是能源、粮食、水三个问题共同作用的问题。所以，清洁能源的治理也不仅是单维度的，需要考虑多重维度。

清洁能源要发展可能会遇到很大的一个问题，首先是粮食问题。如上所述，在亚太地区越来越多的国家采用生物燃料作为能源结构的一部分，这对全球的粮食进口和全球粮食贸易产生了很大的影响和冲击。目前，全球还有十几亿人口处于挨饿状态，这种生物燃料直接对全球的粮食安全产生很严重的影响。看到水电问题的时候，可能还有另外一个问题。虽然中国和亚太国家都把发展水电作为很重要的问题，中国有多条国际河流，每一条国际河流都有领土和主权上的一些冲突或者争议，其中最严重的是发生在中国和印度、中国和东南亚国家，也包括中亚特别是阿富汗沿阿姆河之间的一些新的冲突。可以看到，一方面各个国家都希望发展水电，水电也是清洁能源；另一方面，亚太地区大部分国家，包括中国和印度都没有签订水的公约，也没有加入相应的一种机制，在亚太地区没有相应水的治理机制存在。一方面是不断地发展水电大坝，另一方面由于国际河流产生的问题也可能会引起新的冲突。

发展清洁能源离不开新的材料、新的战略因素。以前依靠的是石油和传统化石能源，如果将来要发展清洁能源，如新的电动汽车清洁能源的时候，可能依靠的是锂、矿等金属，但是这些金属本身不是可再生的。如果全球都在使用电动汽车，按照这种速度，20年之内锂矿产将会被消耗殆尽。

除此之外，全球清洁能源的治理机构也非常重要。面对当前气候变化、环境危机和能源安全的多重相互关联的挑战，国际能源机构（IEA）的职能也有待扩展。IEA的成立是西方发达能源消费国对20世纪70年代初世界石油危机的反应，其最初的职能是在石油供应紧急时期协调成员国的政策。随着后来IEA强调能源供给来源的多样化，致力于完善应急反应机制、共同加强能源需求管理、维护世界能源市场的稳定等，IEA的职能亟须扩展到实现全球能源安全、经济发展和环境保护三方面健康平衡发展的领域。由于IEA在新能源领域力不从心，欧盟已带头建立了国际可再生能源署（IRENA）以填补这个职能真空。

清洁能源不是完全可再生的，它的背后是一种新的挑战——与战略性矿产资源相伴随的挑战。战略性矿产资源背后缺乏全球治理的机制，它和传统上非常成熟的石油和粮食不同，如目前在金属钴和其他现有战略性矿产资源中还没有成熟的全球治理机制。这不仅仅是能源和技术问题，也是科技政策和国际政治相结合的问题。这不仅仅是一个能源的问题，也是能源、粮食、水关联性的问题，需要用关联性的意识来解决。这也不仅仅是发达国家或联合国的问题，更多的是新兴发展中国家在面对供需分离时如何通过承担更多的国际义务来维护自身的安全、为全球提供一种公共物品的问题。

"保护的责任"作为一种国际规范的发展：中国国内的争论[*]

刘铁娃[**]

[内容提要] 冷战结束以来，国际社会围绕人道主义干预的讨论往往聚焦于对国家主权与人权保护谁具有优先性问题的争论。"保护的责任"规范的出现促使国际社会从不同视角和立场对国际人权保护进行解读。在"保护的责任"规范发展的大讨论中，中国的态度和立场无疑代表了国际社会中的一种重要的声音。本文主要关注当前中国国内对"保护的责任"的讨论与研究，通过对中国政府以及学术界对"保护的责任"概念的不同态度的分析，探讨"保护的责任"从一个概念变为一项国际社会所接受的合法的和可操作的国际规范的可能性，为建构一项更具合理、合法和普遍性意义的国际规范提供借鉴和启示。

[关键词]"保护的责任" 人道主义干预 国际规范 中国

一 迈向国际规范角色的"保护的责任"理念

20世纪90年代国际社会围绕着人道主义干涉的讨论往往集中于干涉权利的讨论，而这又与传统的国家主权原则相背离，因此往往无果而终。在许多西方政治家看来，关注人道主义干涉的权利，只会使得倾向于限制

---

[*] 本文译自英文稿"Is China Like the other Permanent Members? Governmental and Academic Debates about R2P"（*The International Politics of Human Rights: Rallying to the R2P Cause?* Routledge Press, 2014）。感谢 Mónica Serrano 教授与 Thomas G. Weiss 教授对该研究的支持，也感谢邱昌情博士为本文做的翻译及整理工作。

[**] 刘铁娃，北京外国语大学国际关系学院副教授，澳大利亚昆士兰大学"保护的责任"亚太研究中心顾问、中国项目协调人，主要从事联合国问题研究。

国家主权的西方民主国家陷入困境。在此背景下，2001年加拿大政府所组建的"干预与国家主权国际委员会"（ICISS）①试图引导关于主权与不干涉原则的辩论向不同的方向发展。2001年12月，干预与国家主权国际委员会发布了一份名为《保护的责任》的报告，随即在世界范围内引起了强烈的反响与广泛的讨论。②"保护的责任"的概念主要包括两层含义：第一，国家必须担负起保护自己国民的首要责任；第二，当事国无法履行人权保护职责时，国际社会有责任进行必要的干预（但必须是在联合国安理会的合法授权框架下进行）。相比传统的关于人道主义干预问题的讨论，首先，在视角方面，这一概念强调弱者得到保护的权利和当事国负有保护公民的首要责任，并把其界定为国家主权的基本属性（主权的责任）；其次，在措辞方面，避免使用大国的"干涉的权利"的提法，引入"保护的责任"（Responsibility to Protection, R2P 或者 RtoP）概念，从而强调国际社会在国家（本质上是政府）未能履行其责任时具有保护受害者的道德义务，这是基于人性的美德而建立的道德共识和共同的人性。③

"保护的责任"概念的提出，在某种程度上被视为对主权与干涉争论的一种突破，④因此，"保护的责任"概念被看作人道主义干涉的新"指导原则"。⑤国际社会很多重要的文件和联合国秘书长报告都引用了这一概念，并且对其给予了不同程度的认可。更重要的是，2005年9月，在联合国首脑峰会上，150多个国家的领导人再次重申了这一概念，并对"保护的责任"的内涵进行了框定与规制。在2005年《世界首脑会议成果文件》中，

---

① 干预与国家主权国际委员会（ICISS）是在加拿大政府总理克雷蒂安和一些非政府基金组织倡导下于2000年9月成立的。该委员会主要由来自欧美、非洲、亚洲、南美地区的一些外交官、人权活动家以及学者共同组成，其总的使命是促进国际社会在如何协调人道主义干涉和国家主权关系上达成共识，具体来说是培育一种全球政治共识，即如何从争论不休、僵持不下的局面走向国际人权保护行动尤其是联合国框架下的行动。ICISS, *The Responsibility to Protect*, Report of International Commission on Intervention and State Sovereignty, December 2001, Ottawa International Development Research Centre, p. 2.
② 例如，美国、英国、日本、加拿大、新西兰、南非、欧盟、卢旺达和肯尼亚都表达了对报告的强烈支持。
③ ICISS, *The Responsibility to Protect*, pp. 11–18.
④ Gareth Evans, *The Responsibility to Protect: Ending Mass Atrocity Crimes Once and for All*, Washington, D. C.: Brookings Institute Press, 2008, p. 3.
⑤ ICISS, *The Responsibility to Protect*, pp. 11–20.

"保护的责任"被定义为"每个国家都有保护其人民（Populations）免受大屠杀（genocide）、战争罪（war crime）、种族清洗（ethic cleaning）和反人类罪（crimes against humanity）的国际责任"。[①]从某种意义上来说，"保护的责任"正在逐步发展成为一种新的国际规范，而这一规范明显挑战了传统意义上基于主权平等原则的国际规范体系。虽然在《联合国宪章》中对人权的维护构成了该政府间国际组织的一个重要目标，但实质上维护国际安全而非防止大规模人权侵犯一直是联合国的首要目标。在联合国安理会的框架下，当五个常任理事国对某个地区的情势是否威胁到国际安全达成共识之后，干涉才有可能进行。但是，围绕人权问题，国际社会是否有权干涉则引发了诸多争议。在20世纪90年代，西方社会未能构建一项关于人道主义干涉的"全球规范"，西方的人道主义干涉和"新道德使命"也未得到国际社会的广泛支持，当时的争论在于"人道主义干涉"是否偏离了"主权平等和不干涉内政"等已经为联合国宪章所采纳的国际法基本准则。"保护的责任"概念将制止大规模侵犯人权的理念上升为"国际责任"，即国际社会有责任对出现这类严重人权问题的国家进行干涉，这必然对现存的主权国际法框架构成挑战。近年来，联合国安理会在苏丹、科特迪瓦等地区以保护平民为由采取了强制性的干预行动；2011年，联合国安理会在有关利比亚的决议中正式援引"保护的责任"概念并展开了一系列的军事干预行动。这些做法引发了世界范围有关"保护的责任"的概念内涵、合法性以及实施手段等方面的大讨论，也将不同国家对于该问题的分歧与矛盾摆在了世人面前。

作为一种正在出现的、影响力越来越大的理念，"保护的责任"概念是否有可能像主权平等原则那样，发展成为一种新的、被大多数国家普遍接受的国际规范，进而内化为各国的自觉行动？规范具有人们普遍接受的定义，也就是"规范是对某个给定认同所应该采取的适当行为的集体预期"。[②]必须看到，"保护的责任"概念自提出以来，已经得到了西方主要国家的广泛

[①] "2005 World Summit Outcome Document," United Nations, http://www.un.org/summit2005/presskit/fact_sheet.pdf.

[②] Ronald L. Jepperson, Alexander Wendt and Peter J. Katzenstein, "Norms, Identity, and Culture in National Security," in Peter J. Katzenstein ed., *The Culture of National Security: Norms and Identity in World Politics*, New York: Columbia University Press, 1996, p.54.

支持，英、法、美和加拿大等国的许多政要都是铁杆支持者，而且非西方世界的很多国家对此也持肯定态度。西非经济共同体甚至呼吁其成员国宣传并应用这个指导原则，布隆迪、哥伦比亚、菲律宾和斯里兰卡已经在其国内法中采纳了这项原则。2005年《世界首脑会议成果文件》有150多个国家签署；2009年对联合国关于《保护的责任执行报告》的讨论中，94位发言者中有2/3之多积极肯定了这个报告。不仅如此，执行"保护的责任"的《国际刑事法院规约》（简称《罗马规约》）在2002年7月1日正式生效，至2010年6月，已经有114个国家正式批准加入了《罗马规约》。这一切或许都在表明，基于制止大规模人权侵犯而进行国际人权保护的新规范正在出现。

如果"保护的责任"发展成为一种国际规范是有可能的话，那么，更重要的问题是，在建构这一国际规范的过程中，我们应该遵循哪些基本原则，大国和中小国家应该各自发挥怎么样的作用，以及所建构而成的国际规范是否能够具有最大程度上的合理性和合法性？本文重点关注的是中国国内对于"保护的责任"作为一种国际规范的争论。论文的第二部分主要探讨中国政府和学术界对于"保护的责任"这一理念的总体态度——支持、中立还是反对；论文的第三部分则分析了中国政府和学术界对于"保护的责任"作为一种国际规范的具体框架如何建设的问题，涉及"保护的责任"行动的实施内容、实施条件和实施途径三个方面。通过这样一个总结性的回顾，本文试图说明中国国内对于建构"保护的责任"规范的不同观点，增进国际社会对于中国在这一领域研究进展的了解，从而有助于建构一项更合理、合法和普遍意义更强的国际规范。

二 "保护的责任"作为一种国际规范的新理念：中国国内的争论

显然，当涉及"保护的责任"是否已经发展成为一种规范，以及中国是否应该支持这样一种新的国际规范，在中国国内存在着不同的声音。有的学者认为"保护的责任"已经发展成为一种具有"权威性的"国际规范，而另外一些学者则认为"保护的责任"在国际社会还远未达成共识。

至于中国是否应该支持这样一种新的国际规范，我们看到，中国政府的实际立场是"有限"、谨慎的支持，而学术界的看法则存在分歧。按照北京大学国际关系学院罗艳华教授的总结，支持"保护的责任"概念的国家包括英国、法国、加拿大、澳大利亚等中等发达国家和非洲政局比较稳定的国家，这些国家不担心自己会成为国际干涉的对象，一直以来重视人权外交，希望借助这一实践来提升自己的国际形象和国际地位。对于非洲国家来说，一个直接的原因则是非盟以及非洲地区性组织——如西非经济共同体——在人道主义干涉上的传统实践。中国、巴西、印度尼西亚等国家对于这一概念持建设性的态度，但提出一些保留和限制意见。只有极少数的国家诸如古巴、委内瑞拉持完全否定态度。[1] 下面我们首先来考察中国政府和学术界对"保护的责任"所持有的总体态度的基本情况。

1. 对于"保护的责任"理念总体态度的争论

总的来说，中国政府是支持"保护的责任"这一理念的，特别是在世界首脑峰会上严格定义的"保护的责任"概念。正如中国驻联合国副代表刘振民所说的："2005年世界首脑峰会成果文件对'保护的责任'进行了审慎的定义。"与此同时，他强调，首先当事国政府需要承担最主要的保护本国公民的责任，"国际社会能够提供必要的帮助，但是保护公民的责任最终要依靠该国政府的努力"，"这与国家主权原则保持一致"。此外，"在尊重国家主权与不干涉内部事务的原则上，不应该有任何的动摇"。[2] 但是，在有关"保护的责任"是否已经明确发展成为一种国际规范的问题上，中国政府仍然持保留的态度，即认为这一理念还需要进行更多、更广泛的公开讨论，目前不能说已经成为一种具有约束力的国际规范。

在中国学术界，一些学者对于"保护的责任"理念的发展持十分乐观的态度。他们认为，这一理念已经得到了国际社会的普遍承认，属于习惯

---

[1] 罗艳华、张俊豪：《保护的责任的发展历程及其实施所面临的问题》，第三届北京人权论坛发言稿摘要，转引自中国人权网站，http://www.humanrights-china.org/cn/zt/tbbd/3bjlt/6/t20101012_657688.htm。

[2] 刘振民大使2009年7月24日在纽约联合国大会上的演说，http://news.xinhuanet.com/english/2009-07/25/content_11769124.htm。刘振民认为"保护的责任"的行动不应该违背国家主权原则和不干涉内政原则。

性的国际法，已经发展成为一种具有约束力的、可操作性的国际规范。例如，一位中国学者在研究了国际法院涉及"保护的责任"内涵的相关司法实践案例之后认为，"国际法院通过一系列的司法实践，实际上就把联合国在政治范围内所强调和呼吁的'保护的责任'，特别是其中的'预防的责任'，演变为一种法律上的规范"。①另外一位中国学者则认为，"保护的责任理念的性质已经由民间研究报告发展成为国际习惯法，内涵日益丰富，它对国际法的影响不断深入。以联合国为主体的国际社会不断推进其具体化和法律化，促使各国履行保护的责任。这些新发展对中国无疑具有重要而独特的意义：妥善应对这些新发展，不仅是中国更好地适应国际社会人本化发展趋势的需要，而且是推进国际法治的重要契机"。②因此，按照这样一种观点，一方面"保护的责任"理念已经是一种具体的法律性规范，另一方面也有利于中国自身的发展和国际社会的法治化进程。

表1 总体持正面态度的学术论文

	论文标题	发表年份	领　域
1	"保护的责任"法理基础析论	2007年	国际法
2	保护的责任对现代国际法规则的影响	2007年	国际法
3	试论中国在非洲内部冲突处理中的作用——从"保护的责任"理论谈起	2008年	国际政治
4	"保护的责任"：国际法院相关司法实践研究	2009年	国际法
5	国际人权保障机制中的"保护责任"研究	2011年	国际政治
6	论保护责任对国家主权的影响	2011年	国际法
7	新型安全观视角下的"保护的责任"	2011年	国际政治
8	强迫失踪与国家的人权保护责任	2012年	国际法

但是，在国内学术界，我们看到，大多数学者对于"保护的责任"理念持一种十分谨慎的态度——在接受一些基本理念的前提下提出了诸多质疑。这些学者在笔者看来，基本上可以归入"中立"的方面。例如，北京

---

① 宋杰：《"保护的责任"：国际法院相关司法实践研究》，《法律科学》（西北政法大学学报）2009年第5期，第61页。
② 郭冉：《"保护的责任"的新发展及中国的对策》，《太原理工大学学报》（社会科学版）2012年第5期，第29页。

师范大学张胜军教授认为,"在责任主权的框架之下,发展中国家尤其是新兴国家可能会更多地介入国际制度和规则的制定,可能有利于它们在国际社会中发挥更大作用。另一方面,责任主权也不见得是专门为西方国家进行国际干预所精心设计的概念"。"西方的责任主权是一种单向度的责任,而非一种相互性的责任,西方按照自己的偏好比如人权去强调责任,发展中国家的偏好则被忽略,其实很明显,发达国家对发展中国家的援助责任在责任主权的理论中就很少被提及,甚至被回避。"①中国外交部部长助理乐玉成在出席会议时也曾指出,"保护的责任"是 2005 年写入联合国成立 60 周年世界首脑会议成果文件的,它强调各国保护本国公民的责任,而且强调只有在和平手段穷尽的极端情况下才能诉诸武力,但联合国是唯一的实施主体。现在对"保护的责任"有争议,主要是有些国家在滥用这一概念,随意地干涉别国的内政。所以,我们在讲"保护的责任"的同时,更要讲"负责任的保护"。②因此,这部分持中立态度的官员和学者并不否定国家具有"保护的责任"的基本理念,但更多关注的是如何更好地实施"保护的责任"。

表 2　总体持中立态度的学术论文

	论文标题	发表年份	领　域
1	"保护的责任"与现代国际法律秩序	2006 年	国际法
2	评析保护的责任	2006 年	国际法
3	《保护的责任》对"不干涉内政原则"的影响	2007 年	国际法
4	国家保护责任理论论析	2007 年	国际政治
5	国家保护责任三题	2007 年	国际政治
6	论国际社会提供保护责任的协助与补充属性	2008 年	国际政治
7	论"保护的责任"与和谐世界的构建	2009 年	国际法
8	保护的责任解析	2010 年	国际政治

---

① 张胜军:《跨国威胁时代的"责任主权":一种发展中国家的视角》,载蔡拓、曹兴编《公共权力与全球治理——"公共权力的国际向度"学术研讨会论文集》,中国政法大学出版社,2011,第 26~41 页。
② 《乐玉成:某些国家滥用"保护的责任"概念　干涉别国内政》,人民网,2012 年 4 月 10 日,http://world.people.com.cn/GB/17619436.html。

续表

	论文标题	发表年份	领　域
9	安理会项下"保护的责任"小组委员会构想初探	2011年	国际政治
10	履行保护责任：规范实施与观念塑造	2011年	国际政治
11	"保护的责任"的新发展及中国的对策	2012年	国际政治
12	"保护的责任"机制中的武力强制措施	2012年	国际法
13	从干涉的权利到保护的责任——对国家主权的重新诠释和定位	2012年	国际政治
14	保护责任的核心原则、要素在全球治理中的共生与普适	2012年	国际政治
15	解析国际法上"保护的责任"理论的发展态势	2012年	国际法
16	框定战略与"保护的责任"规范扩散的动力	2012年	国际政治
17	在国内武装冲突中履行"保护的责任"的规范依据及其适用	2012年	国际法

在中国国内，尤其是在学术界，对"保护的责任"理念持总体否定态度的学者并不少。这些学者与持中立态度的群体不同，他们从理念上就否认了人道主义干涉的合法性，认为"保护的责任"理念只是西方大国实现自己私利的工具，因此无法成为一种新的国际规范。例如，两位中国学者认为，"保护的责任"理念是在"人道主义干涉"的基础上发展而来，无法避免西方固有的权力政治模式，因而在执行"保护的责任"中曾发出试图突破安理会授权和当事国同意的冲动的声音，由此引发发展中国家的担心和质疑。因此，"保护的责任"虽然在观念上得到了国际社会的广泛接受，但目前尚未成为一种新的国际规范。[①]另外一位中国学者虽然认为"保护的责任"理念已经发展成为一种新的国际规范，但认为这一规范本身具有诸多的缺陷：第一，它进一步削弱了国家主权和不干涉内政原则，以"责任"的界定提升了人道主义干预的合法性；第二，它使强权干预更易获得安理会的授权；第三，它使强权国家更易扶植和利用目标国国内反对派，内外联动来制造混乱和冲突。西方主导的对利比亚危机的干预，为国际社会开创了一个恶劣的先例，其本质是打着"保护的责任"旗号进行"政权更迭"。[②]

---

① 邱美荣、周清：《"保护的责任"：冷战后西方人道主义介入的理论研究》，《欧洲研究》2012年第2期，第122页。
② 汪舒明：《"保护的责任"与美国对外干预的新变化——以利比亚危机为个案》，《国际展望》2012年第6期，第72~77页。

表3 总体持否定态度的学术论文

	论文标题	发表年份	领 域
1	国际保护责任机制的建构与实施——苏丹达尔富尔问题的实证分析	2008 年	国际法
2	保护责任功能的绩效评估机制的生成与构造	2009 年	国际政治
3	保护的责任：利比亚问题的国际法实践研究	2011 年	国际法
4	利己主义——保护的责任机制启动困难的根源	2011 年	国际政治
5	"保护的责任"：冷战后西方人道主义介入的理论研究	2012 年	国际政治
6	"保护的责任"与美国对外干预的新变化——以利比亚危机为个案	2012 年	国际政治
7	保护的责任与国家主权的实质——兼论达尔富尔冲突及其出路	2012 年	国际政治
8	从利比亚到叙利亚——保护责任走到尽头了？	2012 年	国际政治
9	从使用武力法看保护的责任理论	2012 年	国际法
10	联合国宪章、保护的责任与叙利亚问题	2012 年	国际政治

2. 有关"保护的责任"理念研究的简要统计分析

通过上面的分析，我们可以看到，对于"保护的责任"理念，中国学者与专家存在着不同的反应。有些学者担心这一理念会被西方大国滥用，作为没有授权的合法的军事干涉的借口，但也有一些学者认为这种新理念的出现能够缓解不干涉原则与人道主义干涉之间的紧张冲突。①值得指出的是，中国学者普遍认识到"保护的责任"规范在短时期内迅速由一种理念演化成一种被广泛接受的国际规范的一个重要原因是，规范倡导者将"干预的权力"重新框定为"保护的责任"战略。他们强调关注冲突中的受害者，重构主权理念，规避"人道主义干涉话语"，并在联合国框架下形成了有关"保护的责任"的更正式决议的解决方案，最终推动了"保护的责任"规范的迅速扩散。②基于这样一种话语的转换，相比在20世纪90年代的时候，中国政府和学者明显表现得愿意接受"保护的责任"这样一种理念，所提出的质疑主要集中于这一理念的具体实施框架方面。本文检索了

---

① 李斌：《〈保护的责任〉对"不干涉内政原则"的影响》，《法律科学》（西北政法学院学报）2007年第3期。
② 黄超：《框定战略与"保护的责任"规范扩散的动力》，《世界经济与政治》2012年第9期，第71页。

2006年到2012年这7年间中国国内主要学术期刊有关"保护的责任"理念的研究文献，这里进行一项简单的统计分析。

从图1中我们看到，中国学术界对于"保护的责任"的研究，近年来呈现出明显上升的态势，其中2007、2009、2011和2012年是比较突出的年份。这主要是受到当年国际形势中"保护的责任"概念问题凸显的影响。例如，2011年，围绕着西方社会对于利比亚危机所采取的"保护的责任"行动，中国学术界由此展开了热烈的讨论；2012年，对于"保护的责任"理念和叙利亚问题之间关系的研究也是一个焦点。

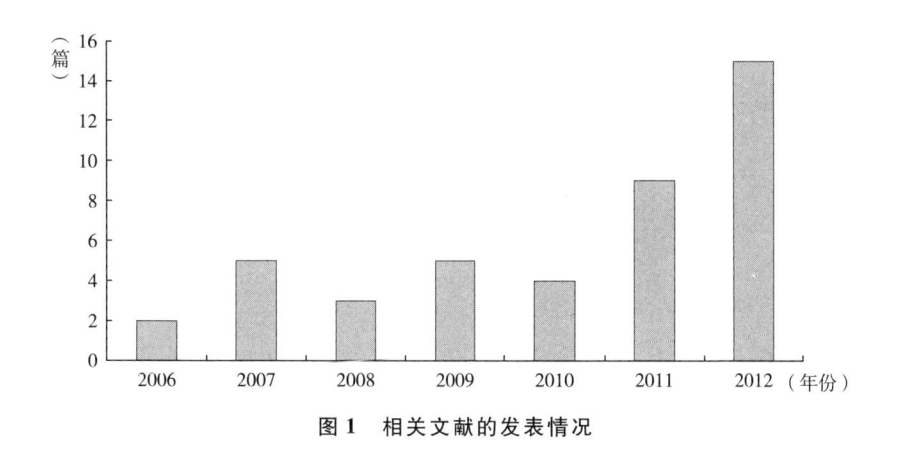

图1 相关文献的发表情况

从图2的统计中我们可以看到，对于"保护的责任"理念，大多数中国学者持中立态度。对这一理念持乐观、积极态度的学者和持消极、否定

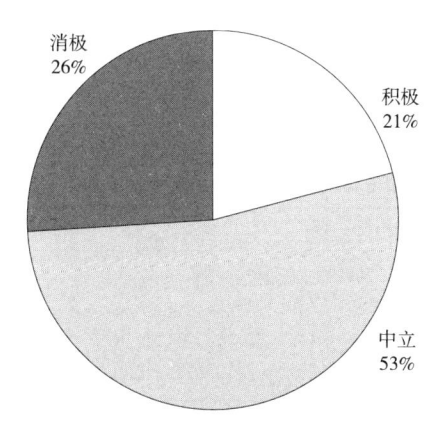

图2 相关文献对于"保护的责任"的总体态度

态度的学者数量差不多，但后者略多于前者。考虑到中立一方的学者大多接受"保护的责任"理念，从这一统计数据我们可以看出，中国政府和学界对于人权、人道主义干涉的态度相比以前已经发生了重要的变化。

从图3的统计分析中我们看出，围绕着"保护的责任"问题，从国际政治和国际法角度出发的研究数量大体持平，但前者略多于后者。相关统计结果表明，中国学术界对于"保护的责任"问题的研究并不是仅从政治和意识形态角度出发的，从国际法角度出发的许多研究能够比较客观地从法学研究的角度来审视"保护的责任"理念的国际法效力。

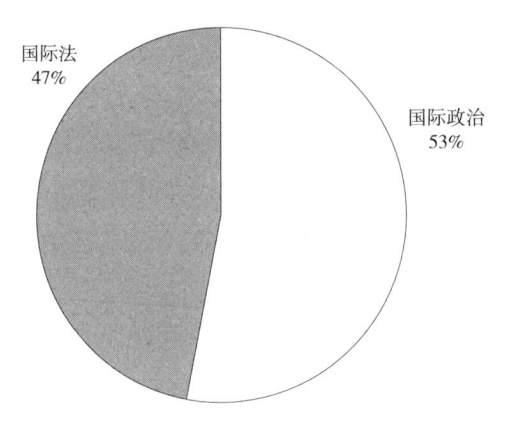

图3 相关文献所述的研究领域

表4是笔者对近年来有关"保护的责任"理念的学位论文所做的检索结果。从目前来看，这一领域的学位论文研究主要是硕士学位论文，总体态度的分布与学术论文的情况基本吻合。持正面或负面态度的硕士学位论文各只有一篇，而持中立立场的论文都是从国际法角度进行研究的，数量也远远超过前面两者。

表4 中国硕士学位论文有关"保护的责任"规范的研究

	论文标题	发表年份	领域	总体态度
1	从"失败国家"到"保护的责任"：国际干预对主权规范的挑战	2009年	国际政治	负面
2	正义战争论视角下的保护责任	2009年	国际关系	正面
3	论"保护的责任"理论视角下的主权与人权的关系	2010年	国际政治	中立

续表

	论文标题	发表年份	领　域	总体态度
4	人道主义干涉与保护责任	2010 年	国际法	中　立
5	论国际法上保护的责任	2010 年	国际法	中　立
6	论国际法上保护的责任	2011 年	国际法	中　立
7	保护责任之国际法问题探析	2011 年	国际法	中　立
8	主权视域下"保护的责任"研究	2012 年	国际法	中　立

三　"保护的责任"作为一种国际规范的具体框架：中国国内的争论

从上述中国政府和学术界对于"保护的责任"理念的总体态度，我们了解到，大部分中国学者在接受"保护的责任"基本理念的同时，对于"保护的责任"规范的具体框架存在着质疑。"保护的责任"作为一种国际规范，应该具有一个明确的实施条件、途径的规定，从而可以规范国家的行为。在《中国政府关于联合国改革问题的立场文件》中，关于"保护的责任"，指出"各国负有保护本国公民的首要责任。一国内乱往往起因复杂，对判定一国政府是否有能力和意愿保护其国民应慎重，不应动辄加以干预。在出现大规模人道危机时，缓和和制止危机是国际社会的正当关切。有关行动须严格遵守《联合国宪章》的有关规定，尊重有关当事国及其所在地区组织的意见，在联合国框架下由安理会根据具体情况判断和处置，尽可能使用和平方式。在涉及强制性行动时，更应慎重行事，逐案处理"。[①] 我们可以看到，其一，中国政府特别强调慎重的态度，具体问题具体分析，在什么情况下需要国际干涉必须谨慎从事；其二，中国政府特别强调和平手段的干涉；其三，这种干涉必须在联合国框架下进行；其四，应该尊重当事国人民以及该地区区域性国际组织的意见。这四点大致勾勒出中国对于"保护的责任"理念下国际干涉行动的具体态度。那么，中国学术界对于"保护的责任"规

[①] "Position Paper of the People's Republic of China on the United Nations Reforms," June 7, 2005, http://www.fmprc.gov.cn/eng/zxxx/t199318.htm.

范建设又展开了哪些争论、提出了哪些具有建设性的建议呢?

1. 有关"保护的责任"规范实施条件的争论

一般认为,中国政府将保护的责任规范的适用范围仅限于四种最严重的国际罪行:灭绝种族罪、战争罪、族裔清洗罪和危害人类罪。也就是说,只有当发生这四种严重侵犯人权或者严重违反国际法的罪行的时候,如果当事国政府不愿或者没有能力行使保护本国人民责任的时候,方可适用。①为了能够恰当地实践"保护的责任"理念,中国政府强调"保护平民的责任首先需要按照联合国宪章以及国际人权法案考虑当事国的政府。人道主义援助需要本着公正、中立、客观以及独立的原则,尊重当事国的主权和领土完整,不介入当地的政治争端,不阻碍和平进程"。②在联合国大会的辩论中,中国提出了谨慎的观点,认为联大与安理会需要磋商是否需要建立早期预防机制。③中国还认为,"保护的责任"的施行需要进行更开放的讨论,因为它目前仍然停留在概念层次上,缺乏国际法的理论支持;而且,只有在当事国同意的情况下才能采取行动。④

因此,在"保护的责任"具体落实中,中国政府的核心观点是,首先,如何能够在尊重国家主权的基础上实现恰当的、及时的人权保护;其次,如何在坚持不干涉原则的基础上进行合法的、有限度的人道主义干涉。一种完全的、强大的主权有利于国家的稳定、良好的治理和均衡的发展。在中国看来,与干预相比,国际社会应该更重视对穷国和弱国的发展援助,以帮助这些国家步入正轨,增强其保护自己国民的能力。中国外交部部长杨洁篪曾指出,"需要和平的环境、可持续发展、和谐包容的社会、建设性的对话与合作、有效地机制来保障人权"。⑤同时,

---

① 《外交部官员:要坚决防止"保护的责任"被滥用》,中国新闻网,2012年1月13日,http://www.chinanews.com/gn/2012/01-13/3603886.shtml。
② "Position Paper of the People's Republic of China—at the 63rd Session of the United National General Assembly," September 16, 2008, http://www.fmprc.gov.cn/eng/zxxx/t512751.htm.
③ http://globalRtoP.org/media/pdf/GCRTOP_General_Assembly_Debate_Assessment.pdf.
④ http://globalRtoP.org/media/pdf/GCRTOP_General_Assembly_Debate_Assessment.pdf.
⑤ "Harmonious Cooperation—to Initiate Further Development of International Human Rights," Speech by Yang Jiechi on the First Conference of the UN Human Rights Committee, http://www.fmprc.gov.cn/ce/cetur/chn/xwdt/t259229.htm.

"中国非常关注受到武装冲突影响和威胁的平民生命财产安全,呼吁相关各方切实遵守国际人权法案以及安理会相关决议,对平民进行充分的保护。……平民保护应该更多地集中于对冲突的预防。联合国安理会应该更进一步地预防冲突、维持和平"。①

一些中国学者强烈支持中国政府的基本立场,即强调不干涉内政原则的地位,强调国家主权不容侵犯,必须严格规定"保护的责任"规范的使用条件,尤其是使用军事手段的条件。与杨洁篪的看法类似,这部分学者也批评西方社会虽然口头上重视预防的责任,但实际上没有具体的机制来落实。在谈到不干涉内政原则的重要性时,有学者认为,"不干涉内政原则作为国际法的基本原则,其地位不可动摇,也不能任意对'内政'的含义和适用范围做出限制。如果一国国内确实发生了种族灭绝、种族清洗、战争罪和反人类罪行,非军事措施是国际社会的首要考虑手段。军事干预作为最后手段也必须得到联合国安理会的合法授权,并遵守军事行动的均衡性原则"。②另外一位中国学者指出,虽然提出"保护的责任"理念的西方学者一直强调国家责任的优先性,尤其是预防的责任与重建的责任,"如果我们仔细研读预防的责任与重建的责任,我们就会发现这些预防的责任与重建的责任的主体并不明确,是由联合国的相关机构,还是由区域性的国际组织,还是任意国家都可以为之?这很可能成为潘多拉的盒子,为大国干涉弱国内政打开缺口。同时,预防的责任与重建的责任介入一个主权国家的政治、经济、法律、文化等各个方面,以西方的所谓的普世的价值观来预防与重建一个与西方文明并不相同的国家,这可能会是对冲突国主权赤裸裸的侵犯"。③

对"保护的责任"理念持正面态度的学者大多从国际法、新安全观的角度来论证制止大规模人权侵犯的人道主义干涉行为具有法理和政治基础。这些学者并不支持国家在一切领域都具有绝对主权,对于"保护的责

---

① "Position Paper of the People's Republic of China—at the 63rd Session of the United National General Assembly," September 16, 2008, http://www.fmprc.gov.cn/eng/zxxx/t512751.htm.
② 李斌:《〈保护的责任〉对"不干涉内政原则"的影响》,《法律科学》(西北政法大学学报) 2007年第3期,第13页。
③ 曹阳:《国家保护责任理论论析》,《甘肃政法学院学报》2007年第4期,第153页。

任"规范的适用条件也有更宽松的界定。例如,一位中国学者认为,中国加入了一系列的有关人权问题的国际法,而国际法是有约束力的,我们不能盲目主张绝对的不干涉内政原则,"在国际法中,虽然国家加入或退出国际协定都是国家主权的结果,是国家意志的体现,然而,'约定必须遵守',国家一旦加入某一协议,就必然受其约束。如果任意违反,就要承担相应的国际责任"。"联合国宪章具有普遍约束力,因此,一个已经批准宪章的国家,即使没有任何其他条约义务,也再不能声称其对本国国民的虐待绝对属于其国内管辖范围内的问题。"①另外一位中国学者认为,国际社会的"保护的责任"是新的安全观下国际社会的集体安全行动的体现。随着全球化的深入发展,国际安全不能仅限于对国家安全的关注。恐怖主义、核武器的扩散、国内武装冲突造成的大规模人道主义灾难等都成为新的威胁国际安全的因素。根据国际法院的观点,保护人民免遭灭绝种族、战争罪、族裔清洗和危害人类罪之害是主权国家应承担的对国际社会整体的义务。如果国家违背或不履行此类国家对国际社会整体的义务,当然应该承担国际责任。国际社会作为此类国际义务的对应方,当然是此类权利的主体,即有权行使保护的责任。②这部分学者也认识到,由于《联合国宪章》没有明确将所有危害人类的行为纳入其职责范围,因此,如果要安理会承担这样的责任,必须对国际和平与安全的概念进行重新解释。他们认为,新的集体安全体制在关切国家安全的基础上,增加了对人类安全的关切。人类安全已经不再是纯属一国国内管辖的事项,而是已经进入国际保护的领域,成为国际社会关注并应解决的事项。按照这种安全观,联合国安理会对一国的内部冲突及人道主义危机采取干预行动,就是依《联合国宪章》实施的合法行为。③

对于这些学者从国际法和新安全观角度为"保护的责任"理念所做的支持性论点,持否定立场的学者则认为,《联合国宪章》中并没有把人权

---

① 李杰豪、龚新连:《"保护的责任"法理基础析论》,《湖南科技大学学报》(社会科学版) 2007 年第 5 期,第 59 页。
② 李寿平:《"保护的责任"与现代国际法律秩序》,《政法论坛》(中国政法大学学报) 2006 年第 3 期,第 103 页。
③ 刘霞:《新型安全观视角下的"保护的责任"》,《经济研究导刊》2011 年第 25 期,第 269~270 页。

问题作为国际安全问题来对待,联合国安理会只能处理国际和平与安全问题。也就是说,国际和平与安全问题不能被随意泛化。例如,持这一观点的一位中国学者认为,"虽然国内人权的保护、实现和发展对国际和平安全秩序及其真正的持久维持有着重要意义和作用,但是,这是从深层基础和根本意义上而言的。国内人权状况本身一般并不会对国际和平安全直接造成威胁或破坏。当然,一国的国内混乱往往会在国际社会造成一些溢出效应,但其效果或程度与传统的国际冲突是不可同日而语的"。①因此,将所有的与人权保护目的相关的行为都纳入"保护的责任"的体系是不合法,也是不合理的。在现阶段,"保护的责任"的概念只能限于2005年《世界首脑会议成果文件》所采用的表述,即每一个国家均有责任保护其人民免遭灭绝种族、战争罪、族裔清洗和危害人类罪之害。②

围绕着"保护的责任"规范的实施条件的问题,中国学界的一些学者也提出了诸多建设性的意见,十分有助于这一规范的建设性发展。一位学者认为,"保护的责任"规范所认定的是大规模侵犯人权的问题,因此我们需要一个全面、合理的人权评估机制。"对于人权保护上所存在的缺陷和问题,国际社会应当恰当地分析评估问题的症结所在,善意地提供补充辅助或者支持帮助,而不是以偏概全地轻易认定目标国'保护的责任'功能的衰竭或丧失。在苏丹达尔富尔问题上,以西方为主导的国际社会认定苏丹不能或不愿保护人民,即苏丹的'保护的责任'功能已经严重缺失。其主要理据是,苏丹政府对人权侵犯行为、犯罪行为未能提供有效的预防、干预。然而,这样的分析评估是以西方为样板的横向平面的静态比较分析,因此难以形成关于该国'保护的责任'功能状况的客观、准确、全面的评价。"③另外一位学者则指出,在确定"保护的责任"实施条件时,不仅应该考虑到当事国政府的"保护的责任",也要考虑到反政府武装力量的"保护的责任"。他指出,在叙利亚问题上,阿盟的方案和安理会的

---

① 赵洲:《"保护的责任"机制中的武力强制措施》,《南通大学学报》(社会科学版) 2012 年第 3 期,第 54~55 页。
② 颜海燕:《保护的责任解析》,《西部法学评论》2010 年第 1 期,第 130 页。
③ 赵洲:《保护责任功能的绩效评估机制的生成与构造》,《电子科技大学学报》(社会科学版) 2009 年第 5 期,第 20 页。

草案均强调叙利亚政府需停止针对平民的暴力行为,但没有提及反政府武装的"保护的责任"。"保护的责任挑战主权的底线是不能利用保护的责任实际推动政权变更。因为这会发出错误信息让谋求反对国家的国内势力相信它们通过发动暴力运动能够得到外部势力的支持,那么所有国家的内部安全秩序都可能遭受威胁,人民将处于一个更危险的环境,从而背离保护的责任的宗旨。"①

2. 有关"保护的责任"规范实施途径的争论

"保护的责任"作为一种正在形成中的国际规范,通过什么样的途径来实现,这是建构"保护的责任"规范具体框架的另一个主要方面。这方面的争论主要围绕着两个问题展开:第一个是以主权国家为主还是以抽象意义上的国际社会为主;第二个则是更强调军事手段的强制干涉还是强调更全面的预防性措施和干涉过程中的其他措施。

围绕第一个问题,中国政府和学术界的看法比较相似,都认为要以国家为主,同时重视联合国和地区性国际组织的作用。有关"保护的责任"概念所包含的三个支柱,中国政府更倾向于支柱一:国家的保护责任。②主权原则与不干涉原则是中国外交政策的两大基石。更重要的是,由于主权的概念主要由西方国家提出并进一步概念化,中国只是跟随者,因此中国一直坚持平等独立的主权原则而不是西方国家所倡导的进攻性、扩张性的主权原则。③在讨论"保护的责任"时,已经能够被中国社会广泛接受的是,一个政府如果在其境内造成了或者不能够防止大规模死亡的出现,就不能够以主权为屏障阻止为了拯救生命而进行的干预行动。即使是在这样的特殊情况下,国际社会所提供的保护仍然应该是暂时的、补充性的,最终目的仍然是为了使国家主权能够适当、正常地行使。一位中国学者就此

---

① 杨永红:《从利比亚到叙利亚——保护责任走到尽头了?》,《世界经济与政治论坛》2012年第3期,第80~81页。
② 这三个支柱是:支柱一,国家的保护责任;支柱二,国际援助和能力建设;支柱三,及时和决定性的反应。WFM – IGP Summary of SG Report on RtoP, "Implementing the Responsibility to Protect," January 12, 2009, http://www.reformtheun.org/index.php/issues/1736?theme = alt4.
③ 赵洲:《迈向责任理念的中国主权及其实践》,《南京社会科学》2009年第5期。

写道，需要强调的是，即使在国际社会开始行使"保护的责任"后，国家仍然是行使"保护的责任"的基本主体，"因为保护的责任的目的是确立负责任的主权，而不是削弱主权"。她指出，国际社会履行"保护的责任"，可以动用成员国、联合国系统、区域组织和次区域组织以及民间社会伙伴的现有的各种各样的预防和保护工具。但是一旦涉及采用军事干预等强制性的措施，泛化的保护责任实施参与主体、缺乏约束的保护责任实施机制既无助于"保护的责任"的落实，也会招致主权国家关于内政被频频干涉的担忧。即使国际社会在履行"保护的责任"中预防和重建责任时，也应该在联合国框架下进行，以免大国借助这些行动实现其政治意图，或者攫取相关国家的资源。①

在谈到联合国和地区性国际组织的作用时，中国政府和学术界的一个关注点在于十分强调联合国安理会而不是联合国大会的作用，地区性国际组织的作用也需要在联合国安理会的合法授权下展开。在《中国政府关于联合国改革问题的立场文件》中，关于"保护的责任"，指出"各国负有保护本国公民的首要责任。一国内乱往往起因复杂，对判定一国政府是否有能力和意愿保护其国民应慎重，不应动辄加以干预。在出现大规模人道危机时，缓和和制止危机是国际社会的正当关切。有关行动须严格遵守《联合国宪章》的有关规定，尊重有关当事国及其所在地区组织的意见，在联合国框架下由安理会根据具体情况判断和处置，尽可能地使用和平方式。在涉及强制性行动时，更应慎重行事，逐案处理"。②

干涉与国家主权国际委员会的报告在强调安理会作为军事行动的唯一授权机构的同时，也提到了联合国大会、地区性组织承担"保护的责任"的可能性。正像在报告中所说的那样，"根据宪章规定，安全理事会拥有处理和平与安全事务的'主要'但不是唯一或专属的责任。第 10 条赋予联合国大会在联合国权限范围内处理任何事务的一般责任。另外第 11 条赋予大会具体处理维持国际和平与安全问题的应变责任——尽管只是提建议

---

① 颜海燕：《保护的责任解析》，《西部法学评论》2010 年第 1 期，第 130 页。
② "Position Paper of the People's Republic of China on the United Nations Reforms," June 7, 2005, http://www.fmprc.gov.cn/eng/zxxx/t199318.htm.

而不是具有约束力的决定"。① "鉴于安理会过去不能或不愿发挥人们期望的作用,如果在人道主义问题或人权问题处于严重的危急关头,安理会明确拒绝进行干预的提案,或者安理会未能在合理的时限内处理这类提案,要说服别人相信履行保护的责任的其他可供选择的方法可以完全不予考虑是非常困难的。"②因此,该报告产生了两种替代方案:联合国大会和地区性、次地区组织。通过联合国大会谋求对军事行动的支持的办法据说获得了广泛的支持,这主要是基于1950年的《联合一致共策和平程序》法案。当安理会意见不一致而情势危急时,举行紧急特别会议,大会的2/3多数通过即为有效。而区域组织的办法则是由地区性、次地区性组织在其界定范围内进行干预。该报告承认,《联合国宪章》要求区域组织的行动始终经过安理会的授权,但"在最近的一些例子当中,批准是在事前或事件发生后获得的(利比里亚和塞拉利昂),而且今后这方面的行动也可能有某种回旋余地"。③在一些中国学者看来,这样做不仅否定了《联合国宪章》规定的只能由安理会授权使用武力的规定,也意味着大大降低了使用武力的门槛。更严重的是,它还试图动摇联合国集体安全框架,这样会使大国更方便地使用武力,并刺激其他国家使用武力的意愿。④

在第二个问题上,中国政府和学术界都提出要全面理解"保护的责任"的规范,不是仅仅将其作为一种军事干涉的机制,而是要包含更全面的规范实施途径。的确,干预与国家主权国际委员会也强调,在预防、做出反应和重建三项责任中,预防的责任属于优先考虑事项,在危机预防方面国际社会应投入更多的资源。中国政府和学术界在军事手段的使用上都表现出极为谨慎的态度,同时主张更重视冲突预防和重建的责任。在《中国对联合国改革的立场文件》中,"我们赞成既不修改《宪章》第51条,也不重新解释第51条。《宪章》对使用武力已有明确规定,除因遭受武力攻击而进行自卫外,使用武力必须得到安理会授权。对是否构成'紧迫威

---

① ICISS, *The Responsibility to Protect*, p. 48.
② ICISS, *The Responsibility to Protect*, p. 53.
③ ICISS, *The Responsibility to Protect*, p. 54.
④ 秦晓程:《保护的责任与国家主权原则》,载陈健主编《中国的联合国外交》,世界知识出版社,2009,第101页。

胁',应由安理会根据《宪章》第七章并视具体情况判定,慎重处理"。①一位中国学者从国际法的角度指出,"自保护的责任提出以来,由于该理论尚未成为一项国际法规范,因此它并没有实质改变或修改《联合国宪章》下的使用武力法"。②在预防大规模人权灾难方面,一些中国学者指出,这不仅有国家自身的责任,可能也有国际秩序的问题。他们认为,人道主义紧急情况的出现,既与国内政治息息相关,也与不公正的国际秩序有关,西方大国仍然主导着现有不公正的国际秩序,它们在试图用干涉手段来解决当事国令人难以容忍的人道主义罪行的同时,并没有从根本上解决当事国产生这种罪行的经济与社会根源。③另外一些中国学者则指出,中国要发挥安理会常任理事国的优势,提升自己的话语权,采取措施来完善"保护的责任"的"三大支柱"。而依托联合国制定更具体的国际法律规范是比较可行的方案,其重点是要完善早期介入机制,特别是预防性部署。④

四 结语

"保护的责任"自提出到现在已经历了10多年时间。在这10多年之中,"保护的责任"不仅从一个概念向一个被国际社会普遍接受的规范迈进,而且已经从对其理论的讨论发展到初步的实施阶段。作为联合国安理会五大常任理事国之一,中国支持《2005年世界首脑会议成果文件》所规定的"保护的责任",并特别强调联合国在实施"保护的责任"中的权威地位,尽可能用和平手段履行"保护的责任",军事手段只能是最后的手段。总的来说,不论是中国政府还是中国学术界,对于"保护的责任"的基本理念是基本肯定的,否定"保护的责任"理念的学者只占少数,但是在"保护的责任"规范的实施条件、实施途径方面与西方社会之间有着不

---

① "The Position Paper of China to the Reform of UN," June 7, 2005, http://www.fmprc.gov.cn/ce/ceee/chn/dtxw/t199306.htm.
② 黄瑶:《从使用武力法看保护的责任理论》,《法学研究》2012年第3期,第207页。
③ 邱美荣、周清:《"保护的责任":冷战后西方人道主义介入的理论研究》,《欧洲研究》2012年第2期,第125~126页。
④ 郭冉:《"保护的责任"的新发展及中国的对策》,《太原理工大学学报》(社会科学版)2012年第5期,第28页。

同的看法,国内学者之间也存在不同的意见。这反映了中国国内对于人权问题、人道主义干涉问题所持有的开放性和不断进步的新趋向。

在涉及"保护的责任"规范的具体框架时,本文的研究也发现,中国学术界在有关"保护的责任"的实施条件方面存在一定的分歧,即人权问题是否可以被一般性地归入国际和平与安全的问题,在有关人权问题的评估机制、"保护的责任"的实施应该同时涵盖政府和反政府武装力量等问题上提出了建设性的意见;中国政府和学术界在"保护的责任"规范的实施途径方面不存在明显的分歧,但与西方社会支持泛化"保护的责任"执行主体、偏重军事手段存在较大的差异。中国方面更多强调通过增强国家主权的能力来防止大规模人权侵犯行为,强调非军事手段的干涉,强调联合国安理会的作用,强调预防和重建等方面。

对中国国内有关"保护的责任"规范的争论的回顾,至少有助于国际社会更全面地了解中国方面在这一问题上的立场,以及提出的一些建设性的意见,有益于中国和国际社会通过良性的合作互动来推动"保护的责任"作为一种国际规范的构建。

2015年后国际发展议程的进程压缩与中国的可能贡献[*]

张 春[**]

[**内容提要**] 有关2015年后国际发展议程的讨论正迈入一个关键时期,即从最初的开放式咨询和参与式讨论,逐渐迈入封闭式的政府间谈判。通过当前正在进行的对参与行为体和提议目标/指标的压缩,开放式咨询和参与式讨论阶段所收集的大量目标/指标,将被浓缩为一个可供联合国成员国开展政府间谈判的数量有限且可操作性强的目标/指标体系。尽管这一进程压缩相当必要,但其最大风险在于可能丧失早期开放式咨询所获得的广泛合法性,并招致各利益攸关方的批评。如何实现目标浓缩与合法性保存的平衡将是下一阶段2015年后议程的重要挑战,同时也将是中国发挥建设性作用的重要机会。中国可致力于推动建构利益-责任体-命运的"三位一体"共同体以促进2015年后议程的设置,并倡导更为合理的原则推动2015年后议程的具体目标/指标体系的设置。

[**关键词**] 2015年后国际发展议程 进程压缩 合法性 中国角色

联合国千年发展目标(MDGs)即将于2015年到期,有关届时的替代性国际发展目标的讨论已成为国际社会的一个重要议题。事实上,自2010年联合国MDGs高级别会议之后,对2015年后国际发展议程(以下简称

---

[*] 本研究为英国国际发展部(DFID)所资助的"中国国际发展研究网络"(China International Development Research Network)项目的中期成果,特此致谢。

[**] 张春,博士、副研究员,上海国际问题研究院西亚非洲中心副主任、《国际展望》副主编。

"2015年后议程")的讨论便被纳入联合国议事日程。① 尽管2015年后议程与未来15年的中国国内发展和国际角色关系密切,但迄今为止的学术关注和政策讨论②仍存在重大不足。例如,根据笔者对中国知网的检索,以"2015年+发展+议程"为关键词做"全文检索"(不是"主题"或"篇名"检索)并经筛选,2010年和2011年无论是报纸还是期刊均没有与2015年后议程直接相关的文献;2012年的文献为6篇,其中5篇为学术论文、1篇为报纸文章,同时这6篇文献中仅2篇与MDGs相关,其余4篇主要围绕"里约+20峰会"展开;2013年有较快发展,共计有21篇文献,其中学术论文14篇、报纸文章7篇,而直接与2015年后议程相关的文献达到18篇。尽管增长迅速,但这些研究大多是自发和分散性的,严重缺乏集体性、机构性和协调性的努力。③ 由于缺乏深入研究,国内对2015年后议程的当前进展普遍不够了解,特别是其数量众多的工作序列及其相互关系,其背后的真实发展及其机遇和挑战,以及中国应该和可能发挥什么作用等。本文将首先讨论2015年后议程的既有工作序列及其内部关系和当前进展,进而分析当前的行为体和目标/指标体系压缩的潜在危机,并探讨中国在其中

---

① 2010年9月,第65届联大MDGs高级别会议通过的决议要求,联合国秘书长应当在此后的年度报告中提议恰当的促进联合国在2015年后议程中作用的步骤。参见 Keeping the Promise: United to Achieve the Millennium Development Goals, Resolution adopted by the General Assembly, UN, October 19, 2010, A/RES/65/1, p. 29。

② 2014年6月3日,中国外交部与联合国开发计划署共同举办2015年后发展议程国际研讨会。中国外交部副部长李保东出席开幕式并致辞,联合国亚太经社会执秘阿赫塔尔、联合国系统驻华协调员兼联合国开发计划署驻华代表诺德厚以及国内20余个相关部委、近20位专家学者、联合国驻华机构代表、驻华使节等七十多人参加。这是迄今为止中国官方所组织的涉及2015年后议程的第一次大型官方咨询,笔者有幸作为学者代表参与。

③ 需要指出的是,上海国际问题研究院自2011年启动对2015年后议程的研究,于2012年承担了中非联合研究交流计划相关课题研究并获"优秀"等次,与南非斯泰伦布什大学中国研究中心合作为欧盟撰写《欧盟发展报告2013》的背景报告 [Sven Grimm and Zhang Chun, "South – South Cooperation and the Millennium Development Goals: Preparing for a post – 2015 setting," Background Paper for European Report on Development, Post – 2015: Global Action for an Inclusive and Sustainable Future, Overseas Development Institute (ODI), German Development Institute (DIE), European Centre for Development Policy Management (ECDPM), Brussels, 2013];截至2014年6月,该院已与多家国际智库合作围绕2015年后议程组织了5次国际研讨会;该院刊物《国际展望》中文版于2013年第3期和2014年第4期组织了两期专题讨论,其英文版也在2013年夏季号组织了专题讨论;该院还将于2014年下半年与德国发展研究所合作出版相关著作。

发挥建设性作用的可能性，及中国发挥建设性作用所应遵循的相关原则。

一 2015年后议程的基本进程

2010年9月召开的第65届联合国大会MDGs高级别会议正式启动了有关2015年后国际发展议程的讨论进程。此后，联合国系统迅速启动了多个工作序列（working streams），全球政府、民间、商业和学术等行为体纷纷加入，使得2015年后议程的讨论迅速成为当前国际社会的一个核心话题，并在某种程度上冲淡了由于全球气候变化和全球金融危机所带来的国际忧虑或悲观气氛，特别是考虑到2013年9月联大MDGs进展评估与2015年后议程特别会议的成果文件提出将有关2015年后议程和更多关注气候变化的可持续发展目标"合二为一"的共识性决定，更是如此。[①]需要指出的是，联合国有关2015年后议程的讨论是一个综合性进程，由联合国所启动的多个工作序列或进程所推动，这对于未密切参与或跟踪的普通公众而言极易混淆。因此，必须深入分析2015年后议程的工作序列设置与不同时期的进程设置的相互关联，才能理解该议程的当前进展，并能更进一步地理解其可能的风险、挑战与机遇。

依据建立时间的先后次序，联合国系统内涉及2015年后议程的工作序列主要有两类。第一类是联合国固有机构，依据其既有工作职责而先后介入2015年后议程，其中最重要的如：（1）以联合国开发计划署（UNDP）为核心的联合国发展集团（UNDG），介入2015年后议程的时间较早，在相关正式工作序列创建之前和之后都始终发挥着重要作用；（2）联合国地区经济委员会（RECs），主要负责各地区的咨询活动；（3）联合国全球契约组织（UN Global Compact），主要负责收集全球跨国公司的相关意见和建议；（4）联合国助理秘书长，依据其分工而负责协助秘书长协调相关工作序列。

第二类是新创建的工作序列，其履行使命的时间尽管未明确设定并假定以2015年9月议程正式出台后终止，但事实上很多工作序列发挥作用的时间

---

① "Special Event 25 September: Outcome Document," UNGA, September 25, 2013, http://www.un.org/millenniumgoals/pdf/Outcome%20documentMDG.pdf.

将要短得多（可从下文有关阶段设置的讨论中看出），主要包括：（1）2011年9月创建的联合国系统工作组（UN System Task Team on the Post - 2015 UN Development Agenda，UNSTT），它是联合国系统内正式创建的第一个有关2015年后议程的工作序列，旨在围绕2015年后议程与所有利益攸关方开展咨询，包括成员国、公民社会、学者和私营部门，覆盖了60余个联合国机构和国际组织；（2）紧随系统工作组建立的跨部门技术支持组（Inter - Agency Technical Support Team），主要负责各种技术支持；（3）大致同时成立的还有一个"单一秘书处"（One Secretariat）以负责具体协调；（4）2012年7月成立的联合国秘书长2015年后联合国发展议程高级别名人小组（High Level Panel of Eminent Persons on the Post - 2015 Development Agenda，以下简称"高级别小组"），由27位成员组成，旨在为联合国秘书长提议相关建议；（5）2012年8月成立的联合国可持续发展行动网络领导委员会（Sustainable Development Solutions Network，以下简称"可持续发展行动网络"），由联合国秘书长潘基文倡导并由全球学术与科技界、工商界和民间社会领导人士以及发展领域专业人士组成；（6）2013年1月成立的联合国大会可持续发展目标开放工作组（Open Working Group of the General Assembly on Sustainable Development Goals，以下简称"开放工作组"），主要是为联合国成员国提供一个磋商平台；（7）2013年6月建立的可持续发展融资专家委员会（Committee of Experts on Sustainable Development Financing）负责讨论相关融资问题；（8）2013年7月成立的高级别政治论坛（High Level Political Forum），旨在为可持续发展提供政治领导、指南和建议；（9）2013年9月正式启动的联合国大会主席工作序列，又包括三个部分，即3次专题辩论（主题分别为"水、卫生设施和可持续能源""发展伙伴关系作用""确保和平与稳定的社会"）、3次专题性高级别会议（分别聚焦"妇女、青年和公民社会角色""南南合作、三边合作和ICT角色""人权、法治与2015年后议程"）和2014年9月联大期间将举行综合性的"倡议盘点"（Stock - Taking）高级别会议。[1]

---

[1] "The Post - 2015 Development Agenda: Setting the Stage!" President of the 68th Session, UNGA, http://www.un.org/en/ga/president/68/settingthestage/.

乍一看，联合国围绕2015年后议程的工作序列设置相对复杂。需要指出的是，不同的工作序列事实上居于不同的进程之下并在不同的阶段发挥作用。根据笔者的观察和研究，依据其所依附的主导进程和发挥作用的时间，2015年后议程事实上可以划分为三个阶段，具体如下：

第一阶段大致从2010年至2013年8月，可称作开放性咨询和参与式讨论时期。这一时期发挥主导作用的是多个主要对联合国秘书长负责的咨询进程。这一时期的主要工作序列及其活动包括：（1）系统工作组先后于2012年6月出台报告《实现我们憧憬的所有人的未来》（Realizing the Future We Want for All），2013年3月出台《更新的全球发展伙伴关系》（A Renewed Global Partnership for Development），此外还递交了大量的专题性建议；①（2）联合国发展集团（UNDG）于2012年5月至2013年4月期间，启动了共计100场专题和国别咨询会议，并利用"我的世界"（MY World）网络平台启动了"一百万个声音"（A Million Voices）大型民意调查；（3）高级别小组成立后先后在纽约、伦敦、蒙罗维亚和巴厘岛召开四次会议，并于2013年5月31日向联合国秘书长递交报告《新型全球合作关系：通过可持续发展消除贫困并推动经济转型》（A New Global Partnership: Eradicate Poverty and Transform Economies through Sustainable Development）；②（4）可持续发展行动网络于2013年6月向联合国秘书长递交了其报告《可持续发展行动议程：报告提交联合国秘书长》；③（5）联合国地区经济委员会（RECs）也于2012年6月启动地区性咨询，重点关注地区是非洲、拉丁美洲和加勒比海地区等，并于2013年6月向秘书长递交了其最终报告；④（6）联合国全球契约组织（UN Global Compact）大致于2012年6月

---

① "The UN System Task Team," UNDESA, http://www.un.org/en/development/desa/policy/untaskteam_undf/index.shtml.

② "A New Global Partnership: Eradicate Poverty and Transform Economies through Sustainable Development: The Report of the High-Level Panel of Eminent Persons on the Post-2015 Development Agenda," New York: United Nations, May 30, 2013.

③ 可持续发展行动网络领导委员会：《可持续发展行动议程：报告提交联合国秘书长》，2013年6月6日。

④ "A Regional Perspective on the Post-2015 United Nations Development Agenda," E/ESCWA/OES/2013/2, New York: United Nations, June 2013, http://www.regionalcommissions.org/post2015regionalreport.pdf.

启动全球性咨询，并于 2013 年 6 月向秘书长递交了其报告。[①]到 2013 年 6 月，上述工作序列基本上都向秘书长递交了最后报告，秘书长在综合各方报告的基础上于 2013 年 7 月向联大递交了建议性报告。随着第 69 届联大的召开，2015 年后议程讨论的第一阶段基本结束，大多数工作序列都进入不活跃状态——如果不说是终止活动的话。

第二阶段大致从 2013 年 9 月持续到 2014 年 9 月，可称作参与行为体和目标/指标体系压缩时期，其努力方向是为政府间谈判准备可行的 2015 年后议程目标/指标体系框架。这一阶段主要有三个工作序列，第一个服务于联大主席，后两个服务于成员国且主要隶属于"里约 + 20"进程。第一个工作序列是覆盖整个时期的联大主席工作序列，到 2014 年 6 月 3 次专题辩论和 3 次专题性高级别会议均已结束。第二和第三个序列都是根据"里约 + 20 峰会"成果文件《我们憧憬的未来》而创建的，即开放工作组和可持续发展融资专家委员会。开放工作组计划召开 15 次会议，其中前 8 次为专题性的咨询与磋商，从第 9 次会议起开始讨论最终的目标/指标体系，为最终于 2014 年 9 月向联合国成员国政府间磋商递交的 2015 年后议程目标（草案）做准备。到 2014 年 6 月，开放工作组已经召开了 12 次会议。政府间可持续发展融资专家委员会计划召开 5 次会议并与开放工作组一道于 2014 年 9 月向联合国大会递交最终报告。到 2014 年 5 月，该专家委员会已经召开了 4 次会议。

第三阶段也将持续一年，是 2015 年后议程的政府间谈判时期。这一时期唯一重要的工作序列是自 2014 年 9 月第 69 届联大开始起各国政府进入政府间谈判，各种输入都将于 2014 年 9 月汇总成为一个可递交各国政府的基本谈判文本框架，在经过长达一年的谈判后将于 2015 年 9 月第 70 届联大期间出台最终的议程目标/指标。

需要指出的是，由于不同的工作序列服务于不同的主导进程，因此为确保不同进程间的相互协调和努力方向一致，联合国系统内也存在三个跨阶段和跨进程的工作序列，其功能是从各个层次确保与 2015 年后议程相关

---

① UNGC, "Corporate Sustainability and the United Nations Post – 2015 Development Agenda," New York: UNGC, June 2013, http://www.unglobalcompact.org/docs/news_ events/9.1_ news_ archives/2013_ 06_ 18/UNGC_ Post2015_ Report.pdf.

的工作序列的有效协调和相互配合。首先是联合国成员国的政治协调机制,即高级别政治论坛,总共计划召开3次会议,第一次于2013年9月第68届联大期间召开,第二、三次分别在2014和2015年的7月召开。居间的是联合国系统内部的政治性协调,主要由4位助理秘书长负责,即单一秘书处,它只是一个非正式的高级协调组,并不介入具体的工作序列。①最后是联合国系统内的技术性协调,即跨部门技术支持组,特别是负责将第一阶段的各种输入与第二阶段开放工作组的工作相对接,确保下文所要讨论的从后MDGs(Post-MDGs)向可持续发展目标(Sustainable Development Goals,SDGs)的顺利转移。

二 2015年后议程的进程压缩与潜在挑战

从上述有关联合国2015年后议程的进程设置的分析中可以看出,目前2015年后议程正处于第二阶段。这是一个相当关键的时期,因为它是第一阶段的开放性咨询与参与式讨论和第三阶段的封闭性政府间谈判的中间环节,需要基于第一阶段所收集的大量输入,为2014年9月启动的政府间谈判准备可行的谈判框架。考虑到第一阶段所收集到的大量目标和指标,目前这一阶段面临重大的挑战,即如何将其压缩或浓缩为数量有限且操作性强的目标/指标体系,如同MDGs那样?同时,如何才能保证这一压缩进程不会丧失对第一阶段开放式咨询和参与式讨论所收集的各种输入的充分关切,进而不会重现MDGs为少数专家/国家所主导的局面?

2015年后议程当前的进程压缩主要体现为两个方面,即参与行为体的压缩和提议目标/指标的压缩。就参与行为体的压缩而言,最为明显的体现是工作序列的持续削减:第一阶段有约10个工作序列在同时展开,到第二阶段仅有2个主要工作序列,到第三阶段事实上只有1个工作序列发挥作用。更为具体地说,在开放式咨询和参与式讨论时期,全球各种行为体都积极参与。例如,在UNDG所主导的各专题咨询中,共计有120个国家

---

① "Post-2015 Process," *UN Sustainable Development Knowledge Platform*, http://sustainabledevelopment.un.org/index.php?menu=1561.

的 5000 多家公民社会组织、30 个国家的 250 家公司，以及大量国际性和地方性的非政府组织、公民社会运动、专家学者等参与其中。① 在每个专题咨询内部，又有诸多咨询努力，旨在覆盖尽可能多的行为体。以医疗卫生专题咨询为例，它由网络咨询、现场咨询、学术咨询和公民社会咨询四个部分组成。在 2012 年 10~12 月的网络咨询中，共计有来自 215 个国家的 15 万人参与，相关评论超过 100 页，而来自公民社会、学术界和各种机构的相关报告也超过 100 份；现场咨询共计组织了 14 场，全球有超过 1600 人参与；学术咨询于 2012 年 11 月在北京的第二次医疗卫生系统研究全球大会（Second Global Symposium on Health Systems Research）上展开；公民社会咨询也举行了 6 次。② 但随着 2015 年后议程的进程压缩，能够参与到正式进程中的行为体类别和数量都在迅速减少，到 2014 年 9 月后将只有各国政府代表参与。③

2015 年后议程的目标/指标体系的压缩就更为明显。考虑到整个第一阶段所收集的目标/指标建议数量太多，各方都要求尽可能限制最终的目标/指标数量。2012~2013 年的全球开放性咨询最终收集了近 200 个目标和约 1700 项指标建议。④ 这一数字显然过于庞大，不利于最终目标的达成。随着目标/指标体系的压缩进程的启动，开放工作组致力于提出一个数量有限且操作性强的目标/指标体系，但这仍面临严峻挑战。在经过前 8 次专题性咨询与磋商后，开放工作组于 2014 年 2 月将目标/指标体系汇总并压缩为 19 个重点领域和约 240 项指标。⑤ 作为备注，开放工作组于 4 月首次对所有的提议目标/指标做了汇总，该文件长达 182 页，有 2012

---

① "A New Global Partnership: Eradicate Poverty and Transform Economies through Sustainable Development: The Report of the High - Level Panel of Eminent Persons on the Post - 2015 Development Agenda," United Nations, May 30, 2013, p. 2.
② 参见有关医疗卫生议题的咨询网页，http://www.worldwewant2015.org/health。
③ 笔者也亲历了这种参与行为体的压缩。笔者先后参与了 2013 年 9 月联大 MDGs 特别峰会和 2014 年 4 月联大主席"稳定与和平的社会"专题辩论会，尽管存在前者是一般性后者是专题性的原因，但两次会议上参会的非政府组织代表数量有着天壤之别，前者可以说是非政府组织代表的"狂欢"，而后者的数量不足 30 人。
④ "Future Development Goals Tracker: All Proposals," ZOHO Creator, November 11, 2013, https://creatorexport.zoho.com/odiwebmaster/future - development - goals - tracker1#.
⑤ "Focus Area Document," UN Sustainable Development Knowledge Platform, February 24, 2014, http://sustainabledevelopment.un.org/content/documents/3276focusareas.pdf.

个注解。①这几乎不可能成为一个合理的目标/指标体系,无论是与MDGs的8个目标、18个具体目标和48项指标相比,还是根据"里约+20峰会"提出的"有限数量"指标的要求,都是如此。为此,到2014年5月5~9日的第11次会议前,开放工作组对整个目标/指标体系进行了简化,将重点领域压缩为16个,指标压缩为140项。②但这一"进步"很快被证明基础不牢,经过第11次会议的讨论,开放工作组于2014年6月2日公布的为第12次会议准备的文件中,提议目标(不再称作"重点领域")又扩大为17项,相应的指标再度回到210余项。③

由此可见,尽管从现实需要看,2015年后的进程压缩无疑是相当必要的;但到具体的压缩努力中,这仍面临着重大挑战和重重困难,这主要包括以下四个方面。首先,对行为体的压缩面临潜在的程序合法性挑战。2015年后议程的第一阶段之所以是一个开放性咨询和参与式讨论进程,很大程度上是为了避免再现MDGs确立时的合法性不足。④开放式咨询和参与式讨论的核心目标是从两个方面使2015年后议程获得广泛的合法性,至少是程序上的合法性:一是将尽可能多的行为体纳入其中,实现参与者的普遍性;二是将尽可能多的关切纳入其中,实现最终目标/指标的普世性。⑤这可以非常明确地从第一阶段的约10个工作序列同时展开这一事实得到印

---

① Open Working Group on Sustainable Development Goals, "Encyclopedia Groupinica: Compilation of Goals and Targets Suggestions from OWG – 10, In response to Co – Chairs' Focus Area Document dated 19 March, 2014," *UN Sustainable Development Knowledge Platform*, April 19, 2014, http://sustainabledevelopment.un.org/content/documents/3698EncyclopediaGroupinica.pdf.
② 事实上是将19个重点领域的第10、11项并入第8项,将原来的第12项并入第9项。"Working Document for 5 – 9 May Session of Open Working Group," *UN Sustainable Development Knowledge Platform*, April 24, 2014, http://sustainabledevelopment.un.org/content/documents/3686WorkingDoc_0205_additionalsupporters.pdf.
③ "Introduction and Proposed Goals and Targets on Sustainable Development for the Post2015 Development Agenda," *UN Sustainable Development Knowledge Platform*, June 2, 2014, http://sustainabledevelopment.un.org/content/documents/4044140602workingdocument.pdf.
④ A. Saith, "From Universal Values to Millennium Development Goals: Lost in Translation," *Development and Change*, Vol. 37, 2006, pp. 1167 – 1199.
⑤ A. Haines, G. Alleyne, I. Kickbusch and C. Dora, "From the Earth Summit to Rio + 20: Integration of Health and Sustainable Development," *The Lancet*, Vol. 379, 2012, pp. 2189 – 2195; R. Wilkinson and D. Hulme, eds., *The Millennium Development Goals and Beyond*, London and New York: Routledge, 2012.

证，其核心考虑是确保参与的开放性和包容性。如前所述，工作序列和参与行为体的数量正随着 2015 年后议程的讨论的深入而不断削减，最终汇聚到政府间谈判，而这便引发了一个重要担忧，即 2015 年后议程是否正逐渐重回传统的"权力政治"？早期的开放性和包容性是否会丧失殆尽？[①]

其次，对目标/指标体系的压缩面临重大的实质合法性挑战。如前所述，第一阶段的咨询中收集到大量的目标/指标提议，但最终的 2015 年后议程的目标/指标数量必然是有限的，于是便出现了如何压缩目标/指标体系的问题。现成的方法至少有三种：一是直接削减目标/指标数量，二是将数个目标/指标压缩为一个目标/指标，三是确立某种政策优先次序进而抛弃那些并不属于这一优先次序的目标/指标。[②]但所有这些方法都有其优势和不足，而所有最终被排除在外的目标/指标事实上都可能是重要的和相关的。以"和平与安全"议题为例，所有这一议题的倡导者都反复引用前联合国秘书长科菲·安南的话，即"没有安全便没有发展"，进而倡导将和平与安全纳入 2015 年后议程并成为其目标之一。但正如联合国大会主席约翰·阿什（John W. Ashe）在 2014 年 4 月 24~25 日的"确保稳定与和平的社会"专题辩论会上所指出的，将和平与安全纳入 2015 年后议程并成为目标，面临三个重要障碍：一是出于主权关切而来的政治敏锐性；二是出于技术可行性而来的量化困难；三是出于对目标/指标体系过于庞杂而来的简约要求。[③]类似的两难困境也普遍存在于其他议题中，如不平等问题，教育、医疗与增长的质量问题等。而最终的结果只能是大量早期咨询所收集的目标/指标被排除在外，它本身并不是解决两难的正当方法。

再次，进程压缩导致工作重心转向 SDGs，也可能导致对 2015 年后议程

[①] Presentation of Dr. Thomas Fues, DIE, at the International Symposium on "Risks and Side Effects of Global Frameworks: What are the Lessons for Post – 2015?" Sponsored by Shanghai Institutes for International Studies (SIIS) and German Development Institute (DIE), May 24 – 25, 2014, Shanghai.

[②] Andrew Scott, "Three Ps for SDGs," Post 2015. org, May 7, 2014, http://post2015.org/2014/05/07/three – ps – for – sdgs/.

[③] Remarks by H. E. Mr. John W. Ashe, President of the 68th Session of the UNGA, at the Thematic Debate of the General Assembly "Ensuring Stable and Peaceful Society", Opening Session, New York, April 24, 2014, http://papersmart.unmeetings.org/media2/2927274/pres – ga.pdf.

的合法性挑战。如前所述，第一阶段相对复杂的工作序列主要对联合国秘书长负责，而第二和第三阶段则逐渐转向联合国大会和成员国。更为重要的是，在2015年后议程的三个阶段中，第一阶段实际上更多围绕"后MDGs"（Post-MDGs）展开；第二阶段，事实上自2012年6月"里约+20峰会"之后，其讨论逐渐转向以SDGs为核心展开。因此，当前的"2015年后议程"的名称很大程度上是为了掩盖后MDGs方法和SDGs方法之间的分歧而创造的，同时也是对"单一目标体系"呼吁的回应。尽管最终的目标框架宣称将结合几乎所有工作序列的输入而得出，但由于目前是由依据"里约+20"进程设置的开放工作组事实上主导对谈判框架文件的准备，因此极有可能SDGs将主导2015年后议程的目标框架。由此产生了担忧：对2015年后议程的讨论会不会因对"单一目标体系"的呼吁而事实上转为SDGs，使基于MDGs的经验和教训的考虑都被严重忽视？[1]这一担忧在某种程度上正越来越真实，如果考察各国在联大主席组织的3次专题咨询和开放工作组第9、10和11次会议中的发言记录的话，特别是以巴西为核心的拉丁美洲国家集团和欧美等发达国家集团似乎相当积极且坚定地追求这一效果。[2]

最后，有关普世性和共同但有区别责任的争论仍将是2015年后议程建构所面临的重要挑战。鉴于MDGs仅将发展中国家作为对象，因此2015年后议程从一开始便试图确立一种普世性的目标，进而也提出了诸多定性目标或"质量"而非"数量"型目标，以覆盖从低收入直至高收入的所有国家。但需要指出的是，不同行为体对普世性的关切侧重不同：发展中国家特别是新兴经济体更关注目标的普世性，而发达国家则更关注责任的普世性；发达国家对目标普世性的关注集中于"质"而非"量"的问题，进而触动发展中国家对于主权事务和不干涉内政的关切，而发展中国家内部的发展差异也导致新兴经济体与相对更为落后的发展中国家对于责任普世性的不同关注。与此相关，是否将原本局限在气候变化治理领域的共同但有区别责任原则应用于

---

[1] 有关这一点的讨论可参见张春《对中国参与"2015年后国际发展议程"的思考》，《现代国际关系》203年第12期，第3～4页。
[2] 根据笔者在2013年4月24～25日联大主席"确保和平与稳定的社会"专题辩论会中的观察，以巴西为核心的拉丁美洲国家集团对2015年后议程讨论中任何可能导致新增"第四个支柱"（现有的三个支柱为发展、环境和社会）的动向都异常敏感。

整个发展议程，成为一个新的争论焦点。这两个方面的发展相结合，导致当前对这两个问题的争论出现两个重要发展：一方面，普世性似乎正转而聚焦更为狭隘的发展融资问题，从目标的普世性蜕变为动员从国际、国内到私人的资本的普遍性；另一方面，在西方发达国家仍坚持共同但有区别责任应限制在气候变化应对领域的同时，发展中国家对共同但有区别原则的坚持也更多涉及未来的融资责任问题。① 这一有关普世性和共同但有区别责任的压缩，显然会为2015年后议程的未来建构制造不小的麻烦。

三 中国的桥梁建设者贡献

可以认为，2015年后议程的建构在未来一年多的时间里将面临各种压力，尤其是来自内部的政府间谈判斗争压力和来自外部的其他行为体对目标合法性的呼吁。迄今为止，中国的参与仍存在严重不足，但如果考察新近的发展，仍可发现中国在2015年后议程建构中可能发挥重要的积极影响，特别是作为桥梁建设者发挥作用。中国参与2015年后议程建构的重大潜力除了已得到充分讨论的自身落实MDGs成就和积极参与国际发展合作之外，② 还体现在中国所倡导的目标和指标与国际社会的高度契合上。

就中国所倡导的目标体系而言，2013年9月22日公布的《2015年后发展议程中方立场文件》中所列举的目标领域的确体现了"连贯性与前瞻性"的有机结合。如表1所示，通过对MDGs、高级别小组报告（HLP）、可持续发展行动网络报告（SDSN）和开放工作组（OWG）19个重点领域的比较，中国所倡导的目标体系在减贫、医疗卫生、社会保障机制等方面与MDGs和持后MDGs方法的高级别小组相当契合；同时，中国的目标体系在诸多方面都比更倾向SDGs方法的可持续发展行动网络和开放工作组的立场略显保守，但在全球发展伙伴关系上却更显积极。

---

① Saskia Hollander, "From Stocktaking to Negotiation," *The Broker Online*, February 25, 2014, http://www.thebrokeronline.eu/en/Articles/From-stocktaking-to-negotiation#.Uw2p-zOs-eX8.twitter.
② 相关论述可参见张春《构建新型全球发展伙伴关系——中非合作对国际发展合作的贡献》，《国际展望》2013年第3期，第27~44页。

表1 2015年后议程的主要目标体系比较

MDGs	HLP目标	SDSN目标	OWG目标	中国目标
1. 消除贫困	1. 消除贫困	1. 消除包括饥饿在内的极端贫困	1. 消除全球范围内的各式贫困	消除贫困和饥饿
2. 普及小学教育	3. 提供接受素质教育和终身进修的机会	3. 为所有儿童和青年人提供有效学习,保障其生活与生计	4. 为所有人提供高质教育和终生学习	保障每个人受教育的权利,实现更高水平的普及教育
3. 促进性别平等	2. 赋予女童和妇女权力并实现两性平等	4. 实现所有人的性别平等、社会包容和人权	5. 实现所有地方的性别平等和妇女赋权	促进妇女全面发展,提高妇女儿童健康水平
4. 减少儿童死亡率	4. 保证健康的生活	5. 实现所有年龄群体的健康和福利	3. 所有人在各年龄段的健康生活 2. 通过可持续的农业和改善的粮食体系消除饥饿并改善所有人的营养 6. 可持续世界的水与卫生设施	促进基本医疗卫生服务的公平性和可及性 保障城乡居民饮水安全,合理配置、高效利用水资源
5. 改善生育健康	5. 确保食品安全和优质营养			
6. 应对艾滋病、疟疾和其他疾病	6. 实现饮用水和卫生设施的普及			
7. 确保环境可持续	7. 保护可持续能源 8. 创造就业机会、可持续生计和公平增长 9. 可持续管理自然资源资产	2. 实现地球极限范围内的发展 6. 改善农业体系和促进农村繁荣 7. 创建具有包容性、可塑性与互联性的城市 8. 遏制人为造成的气候变化,确保所有人都获得清洁能源 9. 保障生态系统服务、生物多样性和自然资源的良好管理	7. 确保所有人能获得支付得起的、可持续的和可靠的现代能源 8. 促进可持续的、包容性的对所有人的经济增长和体面就业 9. 促进可持续的工业化和国家间平等 10. 建设包容的、安全的和可持续的城市与人居环境 11. 促进可持续消费与生产类型 12. 采取紧急和重要行动以缓解和适应气候变化 13. 采取紧急和重大行动以保存和可持续使用海洋资源和海洋 14. 保护和拯救陆上生态系统,阻止所有生物多样性的消失	推动实现更高质量就业 形成合理消费的理念和生活方式 保护生物多样性,维护全球生态安全 积极应对全球气候变化 加强海洋环境保护,合理利用海洋资源 控制空气污染,安全处置危险废物

续表

MDGs	HLP 目标	SDSN 目标	OWG 目标	中国目标
8. 全球发展伙伴关系	12. 创造有利的全球环境并促进长期资金融通		15. 强化可持续发展的全球伙伴关系，执行手段	营造公平、公正、开放的全球贸易体系 加强全球经济治理 发达国家应履行官方发展援助的承诺 南北合作与南南合作
	10. 确保良好的管理和有效的制度 11. 确保社会安定和平	10. 为可持续发展转变治理模式	16. 和平与包容的社会、法制和有能力的机制	建立完善的社会保障机制，提高弱势群体的发展能力

资料来源：作者依据以下材料自制，"Working Document for 5 – 9 May Session of Open Working Group," *UN Sustainable Development Knowledge Platform*, April 24, 2014, http://sustainabledevelopment.un.org/content/documents/3686WorkingDoc_0205_additionalsupporters.pdf; "A New Global Partnership: Eradicate Poverty and Transform Economies through Sustainable Development: The Report of the High – Level Panel of Eminent Persons on the Post – 2015 Development Agenda," New York: United Nations, May 30, 2013；可持续发展行动网络领导委员会：《可持续发展行动议程：报告提交联合国秘书长》，2013 年 6 月 6 日；《2015 年后发展议程中方立场文件》，外交部，2013 年 9 月 22 日，http://www.fmprc.gov.cn/mfa_chn/ziliao_611306/1179_611310/t1078969.shtml。

就中国所倡导的指标体系而言，笔者对开放工作组第 11 次会议前的工作文件进行了分析，选择该文件是因为它是到 2014 年 6 月为止附有对所有指标的倡议/支持国家清单的最新文件，进而可对各国立场加以分析。[①]根据该文件，中国对具体指标的支持是相当积极的，在共计 16 个重点领域的 140 项指标中，中国倡议 30 项。如表 2 所示，中国与其他重要行为体在指标倡议上也存在重大的共识，如中国与非洲（共倡议 75 项指标）有 19 项倡议完全相同，中国与最不发达国家（共倡议 45 项指标）有 16 项完全相同，中国与美国（共倡议 51 项指标）有 13 项完全相同，中国与巴西（共倡议 33 项指标）有 9 项完全相同。

---

① "Working Document for 5 – 9 May Session of Open Working Group," *UN Sustainable Development Knowledge Platform*, April 24, 2014, http://sustainabledevelopment.un.org/content/documents/3686WorkingDoc_0205_additionalsupporters.pdf.

表2　2015年后议程各行为体倡导的指标数量

重点领域	指标总量	美国	最不发达国家	G77	非洲	中国	巴西
1	6	5	3	1	5	2	2
2	8	3	1	1	3	1	3
3	8	2	5	0	6	2	2
4	7	3	1	2	4	0	0
5	10	2	1	0	7	3	5
6	8	3	3	0	3	3	1
7	5	5	0	0	0	2	0
8	10	4	6	1	6	4	3
9	8	3	4	2	4	3	2
10	8	1	4	1	5	2	2
11	8	4	2	0	3	1	1
12	5	1	0	0	2	0	0
13	7	6	1	1	1	0	1
14	9	4	0	2	7	1	0
15	22	4	12	2	17	3	4
16	11	1	2	0	2	3	7
共计	140	51	45	13	75	30	33

资料来源：作者根据开放工作组资料统计自制，"Working Document for 5 – 9 May Session of Open Working Group," *UN Sustainable Development Knowledge Platform*, April 24, 2014, http://sustainabledevelopment.un.org/content/documents/3686WorkingDoc_ 0205_ additionalsupporters.pdf。

基于上述分析，中国的确有重大潜力可作为发展中国家与发达国家的桥梁建设者，以推动2015年后议程的建构更加公正合理。笔者认为，中国需要在现有立场文件的基础上，进一步细化中国参与2015年后议程的建构，具体可从两个方面着手。

一方面，以建构利益-责任-命运"三位一体"共同体为指导，结合2015年后议程的当前进展和未来挑战，进一步具体化下一阶段的参与战略和指导原则，促进整个2015年后议程的顺利建构。就利益共同体的建构而言，中国应依据自身与不同行为体的共同利益区间，并结合在目标/指标体系中的不同重叠态势，建立多元谈判联盟，其重点是目标/指标建构的谈判联盟和发展融资或全球伙伴关系的谈判联盟。就责任共同体的建构而言，中国应紧紧围绕新型全球发展伙伴关系的建构，强调对 2015 年后议程的普遍性追求和对共同但有区别责任原则的普遍性运用，避免前述对这两项原则的狭隘运用及可能的对发展中国家利益的潜在损害。而就命运共同体的建构而言，中国应突出强调议程目标/指标的相互关联性①，进而以自下而上的方法补充既有的自上而下的方法，为 2015 年议程的合法性维持和目标/指标的有效建构贡献力量。

另一方面，就更为具体的目标/指标体系建构而言，中国应以桥梁建设者为基本定位，在现有进程上以"求同存异"为基本原则，推动议程目标/指标体系的切实达成。具体而言，需要大致遵循以下三项次级原则并对中国目前倡议的指标加以调整并产生新的中国应倡议的目标/指标体系，新的指标体系将由 49 项指标组成（见表 3）。②

第一，坚持最大共识原则确立 2015 年后议程的具体目标/指标，可视情况放弃中国目前倡议的部分事实上没有太多附议的指标，转而支持相似的但有更大共识或更多支持的指标。据此，笔者建议放弃对重点领域 1 第 2、6 项，重点领域 2 第 4 项，重点领域 5 第 7 项，重点领域 16 第 4 项等指标的倡议，主要原因是附议国家数量过少。③同时，从更大共识基础考虑，建议增加对重点领域 1 第 5 项，重点领域 3 第 1、3 项，重点领域 5 第 4 项，重点领域 10 第 2 项，重点领域 11 第 1、6 项，重点领域 12 第 4 项，重点领域 13 第 1、6 项等指标的倡议（见表 3）。

---

① 有关关联性方法与 2015 年后议程的目标/指标设定的讨论，可参见 Nina Weitz et al. , "Cross – Sectoral Integration in the Sustainable Development Goals: A Nexus Approach," *Background Paper*, No. 4, Independent Research Forum on a Post – 2015 Sustainable Development Agenda, Stockholm Environment Institute, March 2014。

② 尽管为开放工作组第 12 次会议准备的文件提议了 17 项目标和 212 项指标，但前 16 项目标事实上与为第 11 次会议准备的文件中的 16 个重点领域基本一致，而第 17 项目标事实上是前 16 项目标的具体执行手段的汇总。因此，本文仍采取第 11 次会议的工作文件为讨论基础，以保持与前文有关各国倡议指标的讨论的技术统一性。

③ 这几项指标的具体内容分别为：到 2030 年，减少在国别贫困线以下人口比例（重点领域 1 第 2 项）；到 2030 年，确保经济机会对所有女性和男性的平等，包括确保拥有土地、财产及其他生产资源的权利以及所有女性和男性获得金融服务（重点领域 1 第 6 项）；到 2030 年，实现小型农场主和渔民获得充分的输入、知识、生产资源、金融服务和市场，特别聚焦于妇女和土著居民（重点领域 2 第 4 项）；到 2030 年消除童婚、早婚及强制婚姻（重点领域 5 第 7 项）；到 2020 年提供有关非暴力文化的信息和教育（重点领域 16 第 4 项）。

表 3　建议中国采纳的目标/指标体系

目标 1：消除贫困与饥饿
指标
1. 到 2030 年，消除极端贫困（日均收入 1.25 美元以下）（FA1-1）*
2. 实现所有人的全面和有生产力的就业，包括妇女和青年（FA1-5）
3. 消除所有形式的营养不良，特别是五岁以下儿童的身体发育不良（FA2-2）
目标 2：教育与终生学习
指标
1. 确保残疾人获得包容性的教育、技能发展和假期培训（FA4-2）
2. 到 2030 年，增加获得假期培训、技术、工程和科学技能的青年和成年女性和男性的数量 X%**（FA4-5）
目标 3：性别平等和妇女赋权
指标
1. 到 2030 年，消除所有形式的对所有年龄段女性的歧视（FA5-1）
2. 到 2030 年，确保所有女性的平等就业机会和同工同酬（FA5-4）
3. 到 2030 年，确保普遍获得性和生育健康与生殖权利（FA5-9）
4. 到 2030 年，使犯罪、暴力减少 X%，特别是对儿童和妇女的剥削，包括减少有组织犯罪和人口贩卖（FA16-1）
目标 4：公平与可及的医疗卫生服务
指标
1. 到 2030 年，减少孕妇死亡率到万分之四以下，消除可预防的新生儿和婴儿死亡，使儿童和生育死亡率减少 X%（FA3-1）
2. 通过更加重视预防从而促进生育健康，降低早产、因非传染性疾病和伤害的致死率 X%（FA3-3）
3. 到 2030 年，确保所有人普遍获得基本医疗器械和药品（FA3-5）
4. 确保普遍获得全面的性别和生育健康，包括现代的计划生育方法（FA3-4）
目标 5：水、能源与可持续发展
指标
1. 到 2030 年，确保可持续现代能源服务的普遍获得（FA7-1）
3. 到 2030 年，使全球能效改善翻番，包括建筑、工业、农业和交通等行业（FA7-3）
4. 到 2030 年，实现对自然资源的可持续管理和使用（FA11-1）
5. 到 2030 年，通过预防、减少、再循环和再利用减少废物 X%（FA11-2）
6. 到 2030 年，使主动汇报公司社会与环境责任的公司比例增加 X%，包括综合性汇报（FA11-6）

续表

5. 到 2030 年，提供安全与可支付的饮用水、卫生设施和清洁设备的普遍获得，特别是对妇女和女孩（FA6-1）

6. 到 2030 年，改善废水管理、循环和再利用到 X%（FA6-2）

7. 到 2030 年，重大改善水资源质量，消除污染和有毒物质倾倒，保护水渠（FA6-6）

目标 6：实现可持续和包容性经济增长

指标

1. 到 2030 年，实现包括弱势群体在内的所有未就业者的全面就业与体面工作（FA8-2）

2. 到 2020 年，为中小企业、事业家和发明者营造适宜环境（FA8-5）

3. 发展所有人能获得的可持续基础设施，关注到特殊情势国家的需求，到 2030 年，使农村人口能 100% 获得基础设施和服务（FA8-7）

4. 鼓励非正式部门活动和就业的正式化（FA8-10）

5. 到 2030 年，执行有规划和管理的移民政策（FA16-5）

目标 7：气候变化与宜居城市

指标

1. 到 2030 年，确保所有人获得充分和可支付的住房与基本服务，消除各地的贫民窟（FA10-1）

2. 到 2030 年，为所有人提供安全、可支付、可及和可持续的交通，改善道路安全和城市空气质量（FA10-2）

3. 拓展综合性的城市规划与管理的能力（FA10-3）

4. 到 2030 年，减少城市的生态影响 X%（FA10-4）

5. 在所有脆弱国家建立对气候变化导致的危险的抗压力和适应力（FA12-2）

6. 为基础设施、工业及其他部门的低碳解决方法投资引入手段和刺激（FA12-4）

目标 8：促进可持续的工业化和国家间平等

指标

1. 确保工业发展充分的政策空间和引导性的政策环境，包括鼓励中小企业在内的工业实业家和企业形式（FA9-1）

2. 到 2030 年，增加特别是发展中国家的工业多样性，聚焦于转向更高的附加值活动（FA9-4）

3. 到 2020 年，执行强化工业部门技术能力的规划和措施，包括促进环境合理的工业技术和过程的发展和采纳的规划（FA9-7）

目标 9：可持续资源管理与生物多样性

指标

1. 到 2030 年，阻止、控制和减少包括由陆上活动产生的海洋污染、海洋废弃物等 X%（FA13-1）

续表
2. 到2030年，拯救和保护海洋生态系统，避免其毁灭，包括停止和预防海洋酸化（FA13-2）
3. 建立与国际法相符的海洋保护区（FA13-6）
4. 到2020年，中止所有生物多样性丧失，包括栖息地，保护濒临灭绝物种（FA14-1）
5. 到2030年，确保所有森林和山区生态系统的可持续管理，中止沙化并增加植被恢复X%（FA14-4）
目标10：新型全球发展伙伴关系
指标
1. 促进开放、基于规则和非歧视性的多边贸易和金融体系，包括服从WTO多哈回合谈判的农业授权（FA15-1）
2. 扩大地区和国际科技、创新与解决方案导向的研究合作；扩大知识分享，包括通过南北、南南和三边合作（FA15-4）
3. 促进干净和环境合理的技术向发展中国家的扩散和转移（FA15-5）
4. 发达国家基于共同同意的ODA承诺时间表（FA15-9）
5. 确保债务可持续性和债务减免（FA15-13）
6. 在国家和国际层次上促进包容性和参与性的决策，包括增加发展中国家在国际金融机制中的有效参与的改革方案达成（FA15-14）
7. 到2030年，减少各种形式的腐败X%，降低非法金融流动（FA16-10）
8. 在全球范围扩大对最不发达国家学生奖学金名额X%，聚焦于科学、工程和管理（FA15-17）
9. 与所有利益攸关方共同执行SDGs，包括通过有效的、创新的、问责的伙伴关系，与各国政府合作，以动员金融资源，发展和扩散技术并提供技术专家（FA15-21）

说明：

* 具体指标后括号内为该指标在开放工作组第11次会议材料文件中所属的重点领域及指标排序，如（FA1-1）即该指标原为重点领域1第1项指标。

**X%表示未定的比例值。

资料来源：作者自制。

第二，坚持道德高地原则，调整现有的指标倡议。对部分拥有重大国际共识甚至道德压力的指标，如"到2030年，消除极端贫困（日均收入低于以2005年美元价格计算的1.25美元标准）"，①中国可以从支持发展中国家、建构与发展中国家的谈判联盟以及赢得道德高地等角度出发予以支

---

① 该指标目前仅有最不发达国家和另外29个国家支持，没有得到重大的国际非政府组织集团的明显支持，中国也未表示支持。

持。由此而来的,笔者建议增加对重点领域 1 第 1 项,重点领域 2 第 2 项,重点领域 4 第 2、5 项,重点领域 12 第 2 项,重点领域 13 第 2 项,重点领域 14 第 1 项,重点领域 15 第 4、9、13、14、17 项等指标的倡议(见表3),因为上述指标既符合发展中国家的利益,又有利于中国与发展中国家的谈判联盟建构,更具有重要的道德意义。

第三,坚持排除干扰原则推动 2015 年后议程的合理建构。针对国际社会难以达成共识且议题的确相当重要,如有关"确保稳定与和平的社会"目标,中国可建议将该议题纳入联合国的其他进程甚至另设新平台加以讨论,同时在设定 2015 年后议程的具体指标时确保应有的敏感度。

需要指出的是,中国不仅应调整倡导的指标体系,对目标体系也应略加调整。因为 49 项指标分布在现有的 16 个重点领域内,一方面是结构或指标分布可能不尽合理,另一方面是先确定指标后依据议题关联性确定目标的自下而上方法的要求。基于对 16 个重点领域的 140 项指标的关联性研究,笔者建议中国倡导的目标体系应由现有的 16 个削减为 10 个,具体为:消除贫困与饥饿;教育与终生学习;性别平等和妇女赋权;公平与可及的医疗卫生服务;水、能源与可持续发展;实现可持续和包容性经济增长;气候变化与宜居城市;促进可持续的工业化和国家间平等;可持续资源管理与生物多样性;新型全球发展伙伴关系(见表3)。

四 结语

2015 年后议程当前正处于关键的进程压缩时期,但这一基于现实必要性的进程压缩可能导致重大的合法性挑战,并可能对即将启动的政府间谈判形成重大压力。需要指出的是,这一挑战也为诸多"事业型领导者"(entrepreneurial leader)①提供了发挥建设性作用的重要机遇。尽管中国迄今为止的参与仍存在重大不足,特别是国内层次上未充分动员各方力量参与、国家层次上未建立有效的部际协调机制、国际层次上各类谈判联盟建

---

① 有关领导者的分类的讨论,可参见 Oran R. Young, "Political Leadership and Regime Formation: On the Development of Institutions in International Society," *International Organization*, Vol. 45, No. 3, 1991, pp. 281–308。

设意识和努力均存在不足，但无论是中国的快速崛起，还是中国在 MDGs 的国内执行和国际合作上的重大成绩，特别是中国在目标与指标倡议上与国际社会的诸多共识，中国有相当潜力充当事业型领导者，作为发展中国家与发达国家的桥梁建设者发挥作用。笔者认为，中国应以建构利益-责任-命运"三位一体"共同体为指南，基于更大共识原则、道德高地原则和排除干扰原则等具体操作原则调整中国目前倡导的指标体系，并结合自下而上的方法重新界定 2015 年后议程的目标体系。这一新的目标/指标体系大致由 10 个目标、49 项指标组成，它覆盖了大多数有较高国际共识、有较强道德意涵、少国际争议的目标/指标，可有效化解当前 2015 年后议程进程压缩的潜在挑战，同时也能推动中国做出更大、更积极的贡献，既最大限度地照顾广大发展中国家的合法利益关切并为其代言，同时也顾及发达国家的合理利益。

新时期联合国参与全球治理：
作用分析与应对思考*

祁怀高**

[内容提要] 在全球性问题不断涌现和全球治理理念兴起的背景下，联合国积极参与全球性问题的解决，并试图在全球治理中发挥不可替代的作用。在全球安全治理中，联合国在限制武力的使用、维护世界和平、军备控制、裁军和反对恐怖主义等领域做出了杰出的贡献；在全球发展治理中，联合国努力促进全球发展和消除极端贫困；在全球人权治理中，联合国建立了国际人权保护的基本机制、设立了专门的人权机构、提出了"保护的责任"概念。展望未来，全球治理主体的多元化特点将进一步呈现、全球治理机制将不断优化重组、全球治理的议题将不断增多。联合国如果要在未来的全球治理中发挥更大的作用，必须全面提升其治理能力。如联合国要继续倡导和强化全球治理理念，要增强其在各类全球治理主体中的协调能力，要提升其在全球治理中的执行能力。

[关键词] 联合国　全球安全治理　全球发展治理　全球人权治理

21世纪以来，全球恐怖主义、核武器扩散、国际海盗活动猖獗、气候变暖、全球公共卫生事件频发等全球性问题层出不穷。全球性问题并不能为任一民族国家单独解决，全球治理的理论和实践由此兴起。所谓全球治理，指

---

* 本文是教育部哲学社会科学发展报告培育项目"联合国发展报告"、复旦大学人文社会科学跨学科研究培育项目"联合国与全球治理"、中央高校基本科研业务费项目"联合国千年发展目标与全球治理研究"的成果。感谢复旦大学张贵洪教授、石晨霞博士，北京语言大学金彪博士和天津外国语大学孔凡伟博士为本文提供的修改意见。

** 祁怀高，复旦大学国际问题研究院联合国与国际组织研究中心副研究员。

的是"通过具有约束力的国际规则解决全球性的冲突、生态、人权、移民、毒品、走私、传染病等问题，以维持正常的国际政治经济秩序。……全球治理是各国政府、国际组织、各国公民为最大限度地增加共同利益而进行的民主协商与合作，其核心内容应当是健全和发展一整套维护全人类安全、和平、发展、福利、平等和人权的新的国际政治经济秩序，包括处理国际政治经济问题的全球规则和制度"。①全球治理倡导了一种共同参与的理念，强调不同的行为体共建有效的国际机制，参与全球性问题的解决。

一 联合国在全球治理中的作用

作为全球治理主体之一的国际组织在全球治理中的作用不可忽视，而作为国际组织中最有权威的联合国在全球治理中更有着重要作用。鉴于安全、发展和人权是联合国体系的三大支柱，本文将重点从全球安全治理、发展治理和人权治理三个领域透析联合国的作用。

（一）联合国在全球安全治理中的作用：维和与军控

首先，联合国在限制武力的使用和维护世界和平方面做出了杰出的贡献。《联合国宪章》（简称《宪章》）开宗明义地指出，联合国之宗旨为"维持国际和平及安全；并为此目的：采取有效集体办法，以防止且消除对于和平之威胁，制止侵略行为或其他和平之破坏；并以和平方法且依正义及国际法之原则，调整或解决足以破坏和平之国际争端或情势"（第一条第一款）。《宪章》规定，"各会员国在其国际关系上不得使用威胁或武力，或以与联合国宗旨不符之任何其他方法，侵害任何会员国或国家之领土完整或政治独立"（第二条第四款）。联合国维持和平行动为防止冲突和战争、维护和建设和平发挥了重要的作用。自1948年开展首次维和行动以来，联合国已经开展了68次维和行动，参加维和的总人数为96877人，在维和行动中提供军事人员和警察人员的国家数目为116个。②有数据表明，

---

① 俞可平：《全球治理引论》，《马克思主义与现实》2002年第1期，第25、30页。
② 以上数据更新至2013年8月31日。参见《维持和平概况介绍》，联合国网站，http://www.un.org/zh/peacekeeping/resources/statistics/factsheet.shtml。

在长达 40 年的冷战时期，国家之间武装冲突的数量每十年都在增加；但在 20 世纪 90 年代初期冷战结束以后，国家之间武装冲突的数量开始下降。到 20 世纪 90 年代末，战争或者武装冲突的数量相对于 90 年代初已经下降了 1/3 至 1/2。与此同时，战争或者武装冲突造成生命方面的损失下降幅度更大。① 对上述积极变化的一个主要解释是，联合国在冷战结束后逐渐摆脱了美苏对抗的阴影，成功地履行了其在维护国际安全方面的使命。

其次，联合国在军备控制和裁军领域做出了持续的努力。联合国促使各成员国在大规模杀伤性武器的控制方面制定了大量的国际公约。如 1975 年生效的《禁止生物武器公约》，1996 年联合国大会通过的《全面禁止核试验条约》，1997 年生效的《禁止化学武器公约》等。这三项公约对防止大规模杀伤性武器扩散和推进国际军控和裁军进程功不可没。联合国设立了裁军事务厅，其主要职责是：协助秘书长履行《联合国宪章》规定的责任以及大会、安全理事会及联合国系统其他机关在裁军领域及相关安全事项方面的任务规定。联合国还支持关于地区和次地区层面上的裁军提议，促进地区内各国的安全和建立信任的措施。联合国在军控和裁军领域的优点和长处在于研究、支持、规范构建和网络化。联合国已经确立了程序和论坛以持续性地开展年度辩论和对话；联合国也为无核国家提供了极好的途径，让这些无核国家相互联合起来向那些未加入《核不扩散条约》的有核国家施加压力。鉴于联合国的特性和结构，它将继续在对武器获取和使用方面实施规范性限制，继续作为常规和大规模杀伤性武器的信息交换场所，继续作为谴责武器扩散活动的论坛。

最后，联合国积极推动各成员国反对恐怖主义。在 2001 年的"9·11"事件发生后一个星期，时任联合国秘书长安南指出了联合国在全球反恐治理中的独特优势："恐怖主义是全球性威胁，应对恐怖主义需要全世界团结起来。要战胜恐怖主义，所有的国家都必须协商一致并共同采取行动。这就是我们为什么需要联合国的原因。"② 联合国对于反恐的首要贡献

---

① Human Security Center, *Human Security Report 2005*: *War and Peace in the 21st Century*, New York: Oxford University Press, 2005, pp. 1 – 2.
② "True Faith is Respectful, Compassionate, Devoid of Hatred, Says Secretary – General at Temple Emanuel in New York," UN Press Releases, SG/SM/7962/Rev. 1, September 18, 2001.

是，它确立了反对特定类型恐怖主义行为的国际规范，并将这些国际规范通过"逐罪审查法"（crime-by-crime approach）的方式而法典化为国际法。[①]2001 年的"9·11"事件发生后，联合国根据第 1373（2001）号决议建立了反恐怖主义委员会（反恐委员会）。时任联合国秘书长科菲·安南将反恐委员会称为"全球反恐努力的核心"。[②]反恐委员会对恐怖主义的治理具有全球治理的特征。诸多国际组织参与反恐委员会一改国家中心的治理模式，治理呈现出多中心的特点；诸多地区组织的加入，使得新治理模式具有多层治理的特点；而反恐援助也淡化了治理中的强制性色彩，增强了激励因素。从而，转型后的治理模式具有复合式、多中心、多层级和增能式治理的特点。[③]2004 年，安理会成立了反恐执行局，其任务是协助反恐委员会监测第 1373（2001）号决议的执行情况和加强其所进行的能力建设工作。2006 年 9 月，各成员国通过了一项《联合国全球反恐战略》，这项战略标志着联合国全体成员国第一次就一项打击恐怖主义的共同战略和行动框架达成一致。目前，联合国全体成员国正在谈判制定第 14 个国际反恐公约，即《关于国际恐怖主义的全面公约》，目的是推动全体成员国在恐怖主义定义、反恐准则、国际合作和协调等方面取得共识，从而更加有力地打击恐怖主义。

（二）联合国在全球发展治理中的作用：发展与减贫

促进全球发展和减少贫困是联合国的重要使命之一。在联合国发起的众多促进全球发展的倡议中，"千年发展目标"是最为著名的综合性发展纲领。2000 年 9 月，联合国千年首脑会议通过《千年宣言》，确立了千年发展目标（见表 1）。发达国家和发展中国家的领导人都承诺到 2015 年实现这些紧密相关的目标。千年发展目标是国际社会为缩小南北差距、促进

[①] Thomas G. Weiss and Ramesh Thakur, *Global Governance and the UN: An Unfinished Journey*, Bloomington, IN: Indiana University Press, 2010, p. 130.

[②] Kofi Annan, "Menace of Terrorism Requires Global Response," Says Secretary - General, Stressing Importance of Increased United Nations Role, the Statement of Secretary - General Kofi Annan, United Nations Press. SG/SM/8583, SC/7639, New York, January 20, 2003.

[③] 李金祥：《联合国反恐委员会治理模式评估》，《国际关系学院学报》2012 年第 6 期，第 42 页。

共同发展而确立的共识和任务,承载着人类几千年来战胜饥饿、疾病和贫困的良好愿望。

表 1 千年发展目标

八项目标	具体目标
一、消灭极端贫穷和饥饿	1.A 1990 年至 2015 年,将每日收入低于 1 美元的人口比例减半 1.B 使所有人包括妇女和青年人都享有充分的生产就业和体面工作 1.C 1990 年至 2015 年,挨饿的人口比例减半
二、普及小学教育	2.A 确保到 2015 年,世界各地的儿童,不论男女,都能上完小学全部课程
三、促进两性平等并赋予妇女权力	3.A 争取到 2005 年消除小学教育和中学教育中的两性差距,最迟于 2015 年在各级教育中消除此种差距
四、降低儿童死亡率	4.A 1990 年至 2015 年,将五岁以下死亡率降低三分之二
五、改善产妇保健	5.A 1990 年至 2015 年,产妇死亡率降低四分之三 5.B 到 2015 年实现普遍享有生殖保健
六、与艾滋病病毒/艾滋病、疟疾和其他疾病做斗争	6.A 到 2015 年遏制并开始扭转艾滋病病毒/艾滋病的蔓延 6.B 到 2010 年向所有有需要者普遍提供艾滋病病毒/艾滋病治疗 6.C 到 2015 年遏制并开始扭转疟疾和其他主要疾病的发病率
七、确保环境的可持续能力	7.A 将可持续发展原则纳入国家政策和方案,并扭转环境资源的损失 7.B 减少生物多样性的丧失,到 2010 年显著降低丧失率 7.C 到 2015 年将无法持续获得安全饮用水和基本卫生设施的人口比例减半 7.D 到 2020 年使至少 1 亿贫民窟居民的生活明显改善
八、全球合作促进发展	8.A 进一步发展开放的、有章可循的、可预测的、非歧视性的贸易和金融体制 8.B 满足最不发达国家的特殊需要 8.C 满足内陆发展中国家和小岛屿发展中国家的特殊需要 8.D 通过国家和国际措施全面处理发展中国家的债务问题 8.E 与制药公司合作,在发展中国家提供负担得起的基本药物 8.F 与私营部门合作,普及新技术特别是信息和通信的利益

资料来源:作者根据联合国网站"联合国千年发展目标"资料整理,http://www.un.org/millenniumgoals/。

在千年发展目标实施 13 年来,联合国致力于与世界各地的合作伙伴一起,加快实现千年发展目标的进展。在全球范围内,生活在极端贫困中的人口比例已经减半。全世界比计划提前 5 年实现了减贫的具体目标(具体目标 1.A)。在发展中地区,依靠每日低于 1.25 美元维生的人口比例从

1990年的47%降至2010年的22%。2010年，生活在极端贫困环境下的人数比1990年减少了约7亿。①各个发展中地区的极端贫困率都已下降，中国起着带头作用。在中国，极端贫困率自1990年的60%降至2005年的16%，2010年又下降到12%。在南亚，贫困率以平均每年1个百分点的速度在下降，即从1990年的51%降至20年后的30%。②减少饥饿的具体目标（具体目标1.C）即将实现。全世界营养不足的人口比例从1990~1992年的23.2%下降到2010~2012年的14.9%。③如果给现有努力注入新的活力，到2015年将挨饿人口比例减半的具体目标就有可能实现。缺乏安全饮用水的人口比例比1990年降低了一半以上（具体目标7.C），超过20亿人获得改善的饮用水源。2010年，全球使用改善水源的人口比例达到89%，而1990年只有76%。④这意味着尽管人口大量增长，千年发展目标关于饮用水的具体目标仍比目标日期提早5年实现。若干与健康有关的千年发展目标取得重大进展。2000年至2010年，全球疟疾死亡率下降了超过25%，死亡人数减少了约110万（具体目标6.C）。⑤全球范围及一些地区有可能实现到2015年将肺结核死亡率比1990年减半的目标（具体目标6.C）。1995年至2011年，累计有5100万肺结核患者获得成功治疗，拯救了2000万条生命。⑥

联合国在协助发展中国家实现"千年发展目标"的同时，也让以人为本、可持续发展等理念成为全球普遍接受的发展理念。⑦千年发展目标是一种非常典型的从人类自身角度出发，以人为本而提出的目标内容体系。正如《我们民众：秘书长千年报告》中所述，千年发展目标中的思想或行动方法最重要的转变莫过于："我们的一切工作必须以人为本。让世界各地城镇乡村的男女老少都有能力改善自己的生活，没有任何号召比这更崇高，没有任何责任比这更重大。只有这样……能让每个人都分享它带来的

---

① United Nations, *The Millennium Development Goals Report 2013*, New York, 2013, p.7, http://www.un.org/millenniumgoals/pdf/report-2013/mdg-report-2013-english.pdf.
② United Nations, *The Millennium Development Goals Report 2013*, p.7.
③ United Nations, *The Millennium Development Goals Report 2013*, p.10.
④ United Nations, *The Millennium Development Goals Report 2013*, p.47.
⑤ United Nations, *The Millennium Development Goals Report 2013*, p.38.
⑥ United Nations, *The Millennium Development Goals Report 2013*, p.41.
⑦ 祁怀高：《联合国千年发展目标与中国发展理念的互动》，《国际关系学院学报》2012年第6期，第54~55页。

机遇。"①整个千年发展目标均以"自由、平等、团结、容忍、尊重大自然、共同承担责任"为价值导向,强调从人类本身的角度出发探索发展的含义。可持续发展理念明确出现在联合国理念及千年发展目标中。联合国于2000年确立的千年发展目标提出要"确保环境的可持续能力","将可持续发展原则纳入国家政策和方案,扭转环境资源的流失"。②现任联合国秘书长潘基文指出:"千年发展目标和可持续发展目标是相互支持的两个概念。在落实千年发展目标方面取得的进步,将增强实现可持续发展目标的信心并调动国际社会对一个宏大的2015年后发展议程的支持,可持续发展目标应加快并继续在'千年发展目标'旗帜下开始的工作。"③

(三) 联合国在全球人权治理中的作用:建章与立制

联合国自诞生以来,在人权领域做了大量的努力,制定了一系列旨在促进和保护人权的国际文件,建立了各种人权机构,确立了各项人权保护措施,形成了由以上三者构成的国际人权保护的基本机制。④ 1948年12月10日,联合国大会通过并颁布了《世界人权宣言》。《世界人权宣言》是"作为所有人民和所有国家努力实现的共同标准"而起草的,它在人类历史上首次提出了全人类人人均应享有的公民、政治、经济、社会和文化方面的基本权利。历经时间的考验,它已被广泛接受为所有政府均应予以尊重的基本人权规范。12月10日,即宣言获得通过的那一天,被定为全世界的"国际人权日"。1966年,第21届联合国大会通过了《经济、社会、文化权利国际公约》和《公民权利和政治权利国际公约》,这两个重要的国际公约使《世界人权宣言》的内容成为法律上有约束力的规定。《世界人权宣言》连同上述两个人权国际公约,从理论上和实践上为联合国的人

---

① Kofi A. Annan, *We the Peoples*: *The Role of the United Nations in the 21st Century*, April 2000, p. 7, http://www.unmillenniumproject.org/documents/wethepeople.pdf.
② United Nations, *Road Map towards the Implementation of the United Nations Millennium Declaration*, Report of the Secretary-General, September 6, 2001, A/56/150, pp. 56 – 58.
③ 潘基文:《2015年后发展的可持续目标应致力于推动千年发展目标开启的进程》(2013年3月14日),联合国网站,http://www.un.org/chinese/News/story.asp?NewsID=19444.
④ 门洪华:《联合国人权机制:一种框架性分析》,《国际政治研究》2000年第3期,第76页。

权活动奠定了基础，因而被称为"国际人权法案"。

联合国设立了专门的人权机构以应对不断变化的人权挑战。1946年，联合国人权委员会成立，该委员会的任务是提供全面的政策指导，研究人权问题，制定新的规范和准则以及对全世界人权遵守情况进行监测。2006年3月14日，联合国大会通过决议建立人权理事会。新的人权理事会取代了已经运作近六十年的人权委员会。与人权委员会附属于经济及社会理事会不同的是，新成立的人权理事会直接附属于联合国大会。在人权领域改革中，以人权理事会取代人权委员会是联合国成立以来人权领域最重要的一次机制性变革。① 人权理事会自设立以来，在推动对侵犯人权的责任追究，并在全球范围内扩大人权和基本自由方面起到了积极作用。如人权理事会在2011年采取积极行动以应对利比亚严峻的人权状况，包括建议联合国大会中止利比亚人权理事会成员国资格，设立了"叙利亚国际调查委员会"，旨在彻查自2011年3月叙利亚危机爆发以来冲突各方违反人权的行为，并对问责措施提出建议。

联合国力推国际社会接受"保护的责任"以保护民众免遭危害人类罪之害。"保护的责任"概念出现在21世纪初，由"人道主义干涉"概念逐渐演变而来。2000年，在时任联合国秘书长安南的支持下，一个独立的"干预与国家主权国际委员会"宣告成立。2001年12月，"干预与国家主权国际委员会"正式发布了《保护的责任》研究报告。该报告提出，"主权国家有责任保护本国公民免遭可以避免的灾难——免遭大规模屠杀和强奸，免遭饥饿，但是它们不愿意或者无力这样做的时候，必须由更广泛的国际社会来承担这一责任"。② 2004年12月，联合国"威胁、挑战和改革问题高级别名人小组"向安南秘书长提出的《一个更安全的世界：我们的共同责任》研究报告，接受了"保护的责任"概念。现任联合国秘书长潘基文和其前任安南一样，都积极支持"保护的责任"概念并呼吁各国政府接受。2009年，潘基文秘书长《关于联合国工作的报告》提出了"保护

---

① 邱桂荣：《联合国人权领域改革及其影响》，《现代国际关系》2007年第7期，第31页。
② "The Responsibility To Protect," Report of the International Commission on Intervention and State Sovereignty, Foreword, p. VIII, December 2001, http://responsibilitytoprotect.org/ICISS%20Report.pdf.

的责任"的三个"责任支柱",即"各国对人民的责任""国际社会对国家的支持""在国家显然不能保护本国人民免遭特定犯罪之害时,国际社会根据《宪章》及时做出果断反应",并认为"秘书长处理保护责任的三大支柱战略得到广泛支持"。① 2012 年,潘基文《关于联合国工作的报告》指出,"保护责任和防止灭绝种族是联合国关切的核心问题","2011 年中东和北非发生的事件凸显了保护责任作为预防和应对工具的重要意义"。② 客观地说,联合国框架下的"保护的责任"有利于防止大规模人道主义灾难和保护人类的安全。国际社会为行使"保护的责任"而实施的和平与非和平的措施,只要是在联合国集体安全体制的框架下实施的,其法理依据与法律依据都是显而易见的。③但在实践中,我们也要防止以此为借口破坏不干涉内政原则与联合国现行集体安全制度的行为。

二 全球治理的未来

从未来的发展来看,世界面临的全球性问题会越来越多,对全球治理的要求也会越来越高。未来的全球治理必须具备合法性、问责性和有效性,要对人类的生活产生积极的影响并符合平等、公平和正义的标准。④从全球治理的现实进程来看,我们可以发现全球治理在未来十年将呈现以下的演变趋势。

第一,全球治理主体的多元化特点将进一步呈现。目前的全球治理主体主要是国家政府、国际组织和全球公民社会。未来十年,全球治理主体中国际组织和公民社会的力量将进一步加强。一些重要的国际组织如联合国、二十国集团(G20)、世界贸易组织、国际货币基金组织、世界银行等

---

① United Nations, "Report of the Secretary - General on the work of the Organization," 2009, A/64/1, p. 13, http://mdgs.un.org/unsd/mdg/Resources/Static/Products/SGReports/64_1/a-64-1_e.pdf.
② United Nations, "Report of the Secretary - General on the work of the Organization," 2012, A/67/1, p. 12, http://www.un.org/sg/pdf/A-67-1.pdf.
③ 李寿平:《"保护的责任"与现代国际法律秩序》,《政法论丛》(中国政法大学学报) 2006 年第 3 期,第 103 页。
④ Margaret P. Kapns and Karen A. Mingst, *International Organizations: The Politics and Processes of Global Governance*, Boulder, Colorado: Lynne Rienner Publishers, p. 514.

开始深度超越各主权国家的传统边界,对国际社会的政治经济进程产生直接的重大影响。特别是联合国及其所属的各个机构,在全球治理中的作用有了突破性的拓展。另外,越来越多的学者和政治家开始强调非政府的全球公民社会组织在全球治理中所起的作用。全球公民社会是介于国家和个人之间的跨国公共活动主体,其基本的组成要素是国际非政府的民间组织,包括各种跨国社会运动、非政府社团、无主权组织、政策网络和学术共同体等。这些全球公民社会组织的数量正在迅速增加。它们既在国内影响民族国家的政策议程,也在国际上影响全球治理规则的制定和全球治理机制的形成;既在现实世界活动,更在虚拟世界发生影响。① 有学者认为,未来围绕某个特定问题,国家和关注特定问题的非国家行为体之间将构成网络,并形成"问题型组织"。一些学者指出,公民运动在未来将越来越发现自己"世界公民"的本质,未来的全球治理框架必须以世界公民为基础。还有学者认为未来将出现一系列新的社会行为体,包括具有超级权力的个人和犯罪网络。② 全球治理领域出现的形形色色的行为体将日益影响全球治理的发展结果。

第二,全球治理机制将不断优化重组,对民族国家的约束力正在日益增大。全球机制就是维护国际社会正常秩序,实现全球治理普遍价值的机制体系。具体地说,全球机制包括用以调节国际关系和规范国际秩序的所有跨国性的原则、规范、标准、政策、协议、程序。从某种意义上说,全球机制在全球治理中处于核心的地位,因为若没有一套能够为全人类共同遵守、确实对国际社会都具有约束力的普遍制度规范,全球治理便无从谈起。从全球层面来看,促进大国合作和应对全球性挑战的机制建设进一步加强。联合国在全球协调方面还将扮演重要角色,安理会改革可能取得进展,职能进一步转变;G20 机制进一步夯实和提升,在全球经济治理方面发挥越来越大的作用;金砖国家的务实合作与机制化建设将有所发展;国际货币基金组织和世界银行的职能进一步调整,新兴经济体的话语权增大;金融稳定委员会强化对信用评级机构和衍生品的监管;世卫组织和粮农

---

① 俞可平:《全球治理的趋势及我国的战略选择》,《国外理论动态》2012 年第 10 期,第 8~9 页。
② 焱焱:《国际社会看未来十年的世界格局变化》,《当代世界》2011 年第 5 期,第 56 页。

组织等专门性机构的职能进一步强化。①在全球治理机制不断优化重组的同时，各国政府和民众日益认识到全球治理机制对正常国际秩序的极端重要性，全球机制的效力正在明显增大。

第三，全球治理的议题将不断增多，一些议题的重要性将上升。21世纪第一个十年已出现了一系列重大的全球性议题，如气候变化、国际金融体系改革、核安全和防扩散、贸易保护主义等问题。国际社会认为，受今后十年全球化继续深入发展和国际格局转型的影响，全球议题将不断增多，国际力量将围绕全球议题进一步重组，在全球治理中做出相应的制度性安排。在未来全球治理的议题领域中，气候、能源、资源、粮食、金融安全等全球性问题将更加突出，各方围绕上述问题的博弈将进一步展开。鉴于未来国际格局转换中传统强国与新兴强国对权力日益激烈的争夺，一些对新兴国家形成制约的议题将上升。比如在2010年的二十国集团（G20）财长与央行行长会议上，汇率问题成为会议的核心议题。美国等在会上强烈要求新兴经济体上调本币币值，消除贸易顺差。而部分新兴经济体则表示，发达国家不应以贸易逆差为由，向新兴经济体施加升值压力。②与此同时，围绕不同议题形成议题联盟将成为国际关系中的重要现象。在这种情况下，新兴国家如何在全球治理议题中获得更大的话语权、影响力和创制力，将是对这些国家的一大挑战。

三　全面提升联合国的治理能力

如笔者在本文第一部分所述，联合国在全球治理中发挥着重要的作用，但我们也要看到联合国的作用因自身治理模式的缺陷和外部治理环境的制约而受限。从本质上讲，联合国的治理模式是一种主权国家享有特权地位的多边主义治理模式。③该模式导致联合国在全球治理中面临困境，如强制性手段的缺失、治理效率的下降、执行时困难重重等。就联合国面临

---

① 焱焱：《国际社会看未来十年的世界格局变化》，《当代世界》2011年第5期，第56页。
② 《汇率问题成为G20财长会议焦点议题》（2010年10月22日），新华网，http://news.xinhuanet.com/world/2010-10/22/c_12691487.htm。
③ 孔凡伟：《全球治理中的联合国》，《新视野》2007年第4期，第96页。

的外部治理环境的制约而言，主要是外在强权实力对联合国治理的挑战以及非政府组织的强劲崛起。少数西方大国以种种手段，企图将联合国变成为自己的政策服务的工具，一旦企图未得逞，就会从外交、财政等方面施加压力，使联合国全球治理的效力受到极大损害。因此，联合国如果要在未来的全球治理中发挥更大的作用，必须直面自身治理模式的缺陷，并全面提升治理能力。

首先，联合国要继续倡导和强化全球治理理念。全球治理委员会的《天涯成比邻》研究报告指出，"我们呼吁共同信守全体人类都接受的核心价值，包括对生命、自由、正义和公平的尊重，相互的尊重、爱心和正直"。[1]这些共识性的价值准则也成为全球治理的理念，并指导着全球治理的实践。联合国自创立伊始所确立的诸如安全、和平、发展、福利、平等和人权等价值与全球治理所倡导的理念是一致的。近期联合国倡导普世性的全球治理理念的例子是全球契约。全球契约由联合国时任秘书长科菲·安南于1999年1月在世界经济论坛的发言中提出。全球契约旨在使企业界与联合国机构、劳工和民间社会联合起来，支持人权、劳工和环境领域的10个普遍原则。全球契约要求公司拥抱、支持和制定在人权、劳工标准、环境和反腐败等领域的核心价值观。[2]目前，来自145个国家的12000多家企业已经参与全球契约，使得全球契约成为世界上最大的自愿企业责任倡议。[3]今后，联合国要通过召开会议、开展交流和进行辩论等宣示主权平等、可持续发展、合作共赢等理念；要通过救灾、援助难民和保护世界文化遗产等活动传递友爱、包容和互助精神；要通过反抗强权和反对腐败等方式追求国际正义和道德。联合国在继续坚守和平、发展、福利、人权等核心的全球治理理念的同时，要更加重视各成员国内部的良善治理原则的落实，并促进平等、多元、透明、法制等基本原则指导下的全球公民社会参与。

---

[1] Commission on Global Governance, *Our Global Neighbourhood*: *The Report of the Commission on Global Governance*, Oxford, UK: Oxford University Press, 1995, p. 49.

[2] "The Ten Principles of UN Global Compact," United Nations Global Compact, http://www.unglobalcompact.org/AboutTheGC/TheTenPrinciples/index.html.

[3] 《全球契约文件》，参见联合国"全球契约"网站，http://www.unglobalcompact.org/Languages/chinese/index.html。

其次,联合国要增强在各类全球治理主体中的协调能力。全球治理涉及多种行为主体,既包括主权国家,也包括以联合国为代表的国际组织和以非政府组织为代表的全球公民社会。联合国作为全球治理的协调中心,不仅应该竭力避免各类主体之间出现重大分歧,也应该兼顾它们的利益和诉求,努力增强联合国在各类全球治理主体中的协调整合能力。尤为重要的是,联合国要加强"三个联合国"之间的互动。联合国的各成员国政府构成了"第一个"联合国,联合国秘书处工作人员构成了"第二个"联合国,专家、委员会成员以及与联合国联系紧密的非政府组织构成了"第三个"联合国(见图1)。[①]促进"三个联合国"之间互动的方式包括:"第一个"和"第二个"联合国要为"第三个"联合国提供行动和进展的建议性信息,这将有助于"第三个"联合国获得支持;"第二个"联合国需要更好地借助"第三个"联合国的作用;"第二个"联合国应该对《联合国

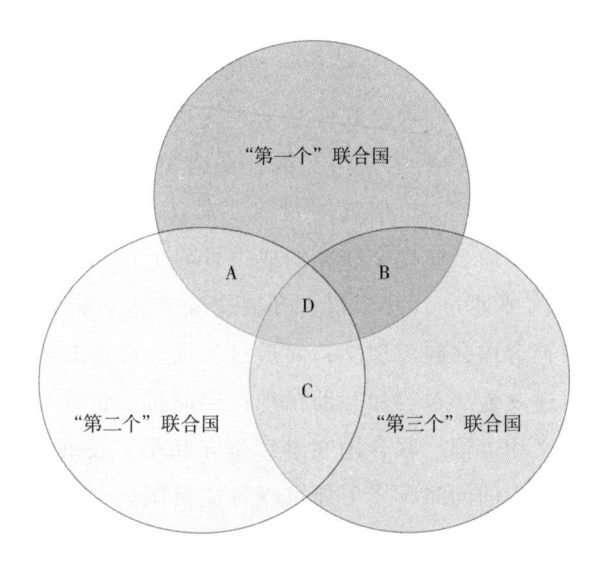

图 1 三个联合国之间的互动

说明:A:国际和国家公务员的互动;B:国家和公民社会的互动;C:秘书处和公民社会的互动;D:个人及私营部门与"第一个"和"第二个"联合国进行互动进而影响、推动联合国讨论、政策、优先领域和采取行动的网络化空间。

---

① Richard Jolly, Thomas G. Weiss and Louis Emmerij, *UN Ideas That Changed the World*, Bloomington, IN: Indiana University Press, 2009, pp. 32 – 33.

《宪章》的观点保持清晰的聚焦,并细致地分析关键的全球性问题以及潜在的解决办法。[①]以往,联合国多注重与成员国政府("第一个"联合国)之间的协调,今后要加大与以非政府组织为代表的全球公民社会("第三个"联合国)的协调力度。非政府组织兴起于20世纪80年代,致力于全球范围的公益性事业,是目前世界上最富发展潜力的民间组织。[②]近年来,非政府组织发展势头强劲,在全球治理中"跃跃欲试",正在对联合国的作用构成挑战。联合国要以更加开放和包容的态度,积极吸纳更多非政府组织共同推进全球治理,并在与非政府组织的合作中发挥领导作用。联合国在全球治理中不仅要扮演道义上的领导者,而且要在确定治理目标和议程、提供合作论坛、推进不同性质行为体之间的合作中发挥关键作用。

最后,联合国要提升在全球治理中的执行能力。联合国有着对全球治理的"美好"期许,但是如果联合国不能有效地将其全球治理理念、治理目标、治理政策落实下去,那么这些"美好"也只是一纸空文。应该说,联合国已经在解决全球性问题中产生了大量的决议、宣言等文件,然而在具体执行时却困难重重。原因一方面在于联合国大会通过的决议没有强制力,另一方面是联合国一旦执行触及主要会员国利益的行动时会遭到强烈的反对。联合国尽管具有某些超政府性和全球性特征,但它既不是超国家组织,也不是世界政府,联合国仍然是一个国际组织,关于国际组织与主权国家关系的一般规律也适用于联合国。[③]国际组织的非主权性决定了它们的非强制性,即国际组织的决定对成员国没有强制性的约束力,主要依靠成员国的自觉执行和国际舆论的压力。[④]尽管联合国因受主权国家制约而使其强制力受限,但它仍可以从扩展合法管辖权、提升组织资源和推行自身改革三方面着手,提升执行能力。作为联合国主要司法机关的国际法院,

---

① Richard Jolly, Thomas G. Weiss and Louis Emmerij, *UN Ideas That Changed the World*, p. 254.
② 李宝俊、金彪:《全球治理中联合国与非政府组织的关系》,《现代国际关系》2008年第3期,第50页。
③ 李东燕:《试论联合国与主权国家关系的演变》,《世界经济与政治》2000年第5期,第46页。
④ 张贵洪:《国际组织的行政体制初探》,《世界经济与政治》1999年第6期,第51页。

一直主张"国际组织是自己管辖权的最终决定者"①。从这个角度来说，联合国可以通过规范构建的方式稳步扩展其合法管辖权。组织资源是联合国这一政府间国际组织赖以运转的重要权力来源之一。联合国要提升执行能力，需要通过整合资源、给予资源的方式提升其控制部分资源的能力。在联合国的自身改革方面，有很多的工作可以去做。比如，联合国可将其战略规划和目标层级化，设定出落实的具体时间表，这方面做得很好的例子是 2000 年制定的"千年发展目标"；联合国需要完善其信息系统，提高信息管理能力，这有助于联合国为提高执行能力做好基础准备工作；联合国秘书处是联合国开展常规工作的核心，因此秘书处必须改革以提高其执行力，秘书处可以组建一个类似于各国家政府内阁的机构，以保证决策的权威性并提高政策执行的效率。

总之，联合国如果要在未来的全球治理中发挥更大的作用，必须全面提升自身的治理能力。但与此同时，我们也不要对联合国在全球治理中的作用给予过高的期待。因为联合国只是全球治理众多行为体中的一员，它在未来的全球安全治理、全球发展治理和全球人权治理中的作用仍将是有限的。未来相当长时期，主权国家仍将在全球治理中发挥主导作用。

---

① 参见 13 UNCIO 703, 709, in Shabtai Rosenne, *The Law and Practice of the International Court, 1920 - 1996* (Third Edition), Vol. 1, The Court and the United Nations, The Hague: Martinus Nijhoff Publishers, 1997, pp. 78 - 79。

冷战后联合国与区域组织在和平行动实践上的关系及对中国的启示

王 媚[*]

[内容提要] 联合国与区域组织在维护国际和平与安全上的关系是近年来越来越受到关注的一个问题。本文通过对冷战后两者在和平行动领域的大量实践的分析发现，联合国与区域组织在维护国际和平与安全上既有相互加强合作的一面，又有相互竞争的一面。冷战后区域组织通过灵活解释《宪章》相关条款或在《宪章》体系外寻找其他的合法依据来扩大自身采取行动的空间和权利，这对《宪章》第八章下"安理会为主、区域组织为辅"的区域办法形成挑战，对安理会的权威构成一定威胁。本文在对联合国与区域组织关系的现象和原因进行分析后，最后对中国作为安理会常任理事国和地区大国在此问题上持有的立场提出建议性的意见。

[关键词] 联合国 区域组织 和平行动 合作 挑战 中国

一 区域组织与和平行动：概念界定

（一）区域组织的概念

区域（region）从本源的意义来讲属于地理学的用语，区域是指一个空间的概念，是地球表面具有一定地理范围、在自然条件方面具有同质性特点、以不同物质客体为对象的地域结构形式。当区域的概念引申到国际法和国际关系学科的研究中时，区域的地理范围通常包括两个或两个以上国家的领土，这些国家由于地理位置临近、经济联系紧密、文化内聚力强

---

[*] 王媚，法学博士，外交学院联合国研究中心秘书长，《中国国际法年刊》编辑。

或具有其他方面一些共性特征等原因而联合起来。

因本文主题是关于联合国与区域组织在维护世界和平与安全上的行动和责任,所以在对区域组织的内涵进行界定时更多地考虑到与联合国的关系以及《联合国宪章》(以下简称《宪章》)相关条款的内容。尽管《宪章》没有对区域组织进行定义,但对区域组织的认定有必要明确一定的指导原则。首先,随着冷战后联合国越来越需要区域组织来共同承担维护和平与安全的责任,联合国与区域组织必须要加强合作来最大限度地整合资源以维护国际和平与安全,所以应该对联合国能够利用和依赖哪些区域组织做出判断。其次,应该遵循1945年旧金山制宪会议上对区域组织采取宽泛自由的解释精神。尽管埃及代表在旧金山制宪会议上试图对区域组织进行定义,但最后并没有成功。而《宪章》之所以没有对区域组织进行定义,目的在于最大限度地将各类区域协议或组织纳入《宪章》的框架内,避免明确的定义可能对某些组织造成限制。最后,判断哪些组织属于区域组织不能限于唯一的定义规则。

基于以上的一些认识和指导原则,本文将区域组织看作"一个基于条约而成立的国家间联合体,这个联合体具有一定的地理范围,但并不一定完全限制在特定地理范围内,具有某些相同或相似的特征(包括文化、政治体制、历史继承、利益需求等方面的特征),寻求达成共同的目标"。

(二)"和平行动"的概念

为方便论述,本文借用斯德哥尔摩国际和平研究所提出的"和平行动"(Peace Operation)的概念来对联合国与区域组织在维护国际和平与安全方面的措施和行动进行抽象和概括。"和平行动"在国际和平研究所学者的研究中一般被界定为联合国或其他国际行为体所进行的包括军事人员在内的行动,无论是传统维和行动、扩大化的维和行动,还是人道主义行动或执行行动,都在此概念的范畴内。[1] 所以,"和平行动"是一个一般性用语,使用该术语是为了避免区分传统维和或是非传统维和行动,同时也避免区分行动是自然行使还是出于有意为之的主观目的。

---

[1] Trevor Findlay, *The Use of Force in UN Peace Operations*, Oxford University Press, 2002, p. 21.

从《宪章》的规定看，联合国和区域组织被赋予了和平解决争端和开展执行行动两项任务。同时，两者又在实践中根据《宪章》的规定发展了维和行动。而这三类任务都在本文探讨的范围之内，所以本文采用"和平行动"这一比较笼统和具有普遍意义的用语，对旨在为维护世界和平与安全而进行的行动进行界定和描述。一般来说，"和平行动"包括争端解决办法、传统维和行动、强力维和行动、人道主义任务以及执行行动等。"和平行动"重在突出行动目的的"和平性"，而非手段的和平性，"和平行动"并不排除使用武力的措施。

所以，本文将"和平行动"界定为国际关系主体为了维护国际和平与安全而采取的行动，包括争端的和平解决、《宪章》第 41 条下的"武力之外之办法"、[①]《宪章》第 42 条下的"必要之空海陆军行动"，[②] 以及根据实践发展产生的传统维和行动和强力维和行动。

二 冷战后联合国与区域组织在和平行动上的互相合作

冷战的结束改变了世界格局，同时也为联合国与区域组织之间关系的发展变化提供了契机，区域组织在维护世界和平与安全领域的重要性开始凸显。过去受到美苏争霸两极格局压制的地区矛盾，随着冷战的结束重新开始浮出水面。根据斯德哥尔摩国际和平研究所 2001 年的年度报告，从 1990 年到 2000 年，全球共发生了 56 场重大武装冲突，其中非洲 19 场、亚洲 16 场、中东 9 场、欧洲 8 场、中南美洲 4 场。[③] 在接下来的 2001 年到 2010 年，地区冲突的情况并没有发生令人乐见的改观。以非洲和亚洲地区为例，2001~2010 年非洲有 10 起活跃的重大武装冲突，使之成为在此期

[①] 《宪章》第 41 条规定："安理会得决定所应采取武力以外之办法，以实施其决议，并得促请联合国会员国执行此项办法。此项办法得包括经济关系、铁路、海运、航空、邮、电、无线电及其他交通工具之局部或全部停止，以及外交关系之断绝。"

[②] 《宪章》第 42 条规定："安理会如认为第 41 条所规定之办法为不足或已经证明为不足时，得采取必要之空海陆军行动，以维持国际和平及安全。此项行动得包括联合国会员国之空海陆军示威、封锁及其他军事行动。"

[③] Stockholm International Peace Research Institute, *SIPRI Yearbook 2001*, http://books.sipri.org/product_info?c_product_id=9.

间冲突数量最多的地区。直至当下，利比亚和叙利亚局势的动荡依然是吸引世界目光的国际热点问题。另外，亚洲在此期间有 9 起重大武装冲突。该地区每年发生的冲突为 5～8 起。2010 年，亚洲发生了 5 起重大武装冲突，从而使该地区连续 8 年成为活跃的重大武装冲突数量最多的地区。在此十年间，发生在印度（克什米尔）和菲律宾的冲突始终保持活跃。

面对冷战后突如其来的改变，联合国显得"兴奋中带点惶恐"，甚至有点无所适从。1992 年，联合国秘书长加利发表《和平纲领》报告，认为"再度出现实现《宪章》各项宏大目标的机会——使联合国能够维护国际和平与安全，维护正义与人权，并且按照《宪章》的说法，能够促进'在较大自由中之社会进步和民主之改善'，不可错过这个机会。联合国不能再像已经过去的那个时代一样再度陷于瘫痪"。① 同时，加利在这份报告中预料到区域组织在冷战后维护安全领域中将发挥更加重要的作用，因此《和平纲领》第七章专门谈及"联合国与区域安排和区域组织合作"。秘书长认为，"尽管当初设想成立区域安排和区域组织的部分目的是要发挥维持或恢复各自区域和平的作用，但是最近数十年，始终没有以这种观点看待它们。现在有了一种新的意识认为它们可做贡献。联合国同区域安排或区域机构的协商，可以大有助于国际社会对一个问题的性质及解决问题所需的措施达成协商一致意见"。② 因此，《和平纲领》提出，"以区域行动作为一种分权、授权和配合联合国的努力的方式，不仅可以减轻安理会的负担，还可以有助于加深国际事务方面一种参与、协商一致和民主化的意识"。③ 当然，《和平纲领》第七章多次强调了安理会在维护国际和平与安全上的主要责任。

《和平纲领》出台以后，联合国一直非常重视和关注与区域组织在维护安全领域的合作。安理会 1993 年 1 月向主要区域组织发出关于增进与联合国协调的邀请；联合国大会 1994 年 12 月发表《关于加强联合国与区域

---

① 参见加利《和平纲领》，UN A/47/277 - S/24111（1992 年 6 月 17 日），http：//www.un.org/chinese/aboutun/sg/report/hpgl.htm#世局。
② 参见加利《和平纲领》，UN A/47/277 - S/24111（1992 年 6 月 17 日），http：//www.un.org/chinese/aboutun/sg/report/hpgl.htm#世局。
③ 参见加利《和平纲领》，UN A/47/277 - S/24111（1992 年 6 月 17 日），http：//www.un.org/chinese/aboutun/sg/report/hpgl.htm#世局。

安排或区域机构的合作的宣言》;① 2003 年 4 月 11 日,安理会轮值主席主持召开关于"安全理事会与区域组织:正视国际和平与安全方面的新挑战"会议;2004 年 7 月 20 日,安理会轮值主席罗马尼亚主持举行关于"联合国与区域组织在稳定进程中的合作"的辩论;2010 年 1 月,安理会举行"联合国与区域和次区域组织在维护国际和平与安全领域的合作"专题辩论会,探讨加强联合国与区域和次区域组织的合作具有重要的现实意义;等等。此外,在冷战后联合国秘书长的年度工作报告中,"联合国与区域组织"都是其中重要的一部分内容。

　　冷战后区域组织和平行动的实践,无论在行动数量,还是相关机制的建设上,都获得了较大的发展。区域组织由于成员国利益的关切,对地区冲突的解决表现出"强烈"的热情。然而,区域组织在资源和人力等方面的不足或短缺成为限制区域组织行动的最大"软肋",以及受限于资源有限的情况区域组织在执行任务时容易受外来干涉而偏袒一方,或处于被地区大国支配的危险和困境中,从而使得区域组织行动的中立性受到质疑。所以,区域组织的行动也有寻求联合国支持的内在动力,其行动的合法性需要更高的权威——联合国安理会来赋予,在安理会的授权下实施行动。

　　正是冷战后国际形势的变化,以及联合国与区域组织之间有互相寻求合作共同维护世界和平与安全的需要,两者在一些解决冲突的实践中形成了很好的合作。例如,联合国与欧安会/欧安组织之间的合作是联合国与区域组织在维护和平与安全职责上进行合作的典范。在 1992 年 7 月赫尔辛基的首脑会议上,欧安会发表了一项重大声明就本组织与联合国之间的关系进行明确界定:"重申它们对《联合国宪章》的承诺义务,宣布欧安会是《联合国宪章》第八章意义下的一个区域组织,并提供欧洲安全与全球安全之间的一个重要联系。承诺对联合国的权利和责任不造成损害。"② 1992 年欧安会斯德哥尔摩理事会会议之后,联合国与欧安会之间建立了长效合作机制,包括联合国与欧安会之间定期的信息交流、联合国秘书长代

---

① UN A/RES/49/57, http://daccess-dds-ny.un.org/doc/UNDOC/GEN/N95/768/00/IMG/N9576800.pdf?OpenElement.
② CSCE Helsinki Document 1992, *The Challenge of change*, http://www.osce.org/mc/39530?download=true.

表列席欧安会理事会会议和高级官员委员会会议、通过《联合国秘书处与欧安会合作与协调之框架》文件等。1993年3月，欧安会获得联合国大会观察员身份，被邀请参加联大的会议和工作。联合国与欧安会之间正式建立了密切的、系统的、规范的及不同层面的合作关系。[①] 在实践上，欧安会和联合国在1989~1990年格鲁吉亚冲突的维和行动中展现了成功的合作。欧安会维和观察团在格鲁吉亚的任务包括与冲突各方进行谈判、推动冲突的政治解决、保持早期预警的能力以及帮助当地建立信心等。通过与联合国的合作，欧安会有效地完成了大部分任务。它们之间达成共识，认为联合国应该在政治解决冲突上发挥主导作用，而欧安会则致力于人权方面的事项。

在2003年达尔富尔维和行动中，联合国与非盟之间也形成了经典的合作关系。2003年非盟的维和部队进驻达尔富尔地区，尽管得到了加拿大、欧盟和美国等国提供的财政支持,[②] 但非盟还是面临自身能力有限和维和经费短缺的限制。2006年1月，非盟宣布非盟部队难以继续执行维和任务，建议将它移交联合国。2006年11月，苏丹政府同联合国与非盟达成协议，原则上同意向达尔富尔派遣联合国-非盟混合维和部队，以取代非盟维和部队。联合国-非盟混合部队的部署分阶段进行，其办法安排被称作"安南三阶段"：第一阶段，联合国向非盟部队提供价值2100万美元的军事装备和物资，并派遣近200名军官、警官和文职官员在非盟部队中担任参谋和顾问等职务；第二阶段，联合国支援非盟部队的人员和装备将达到一定规模；第三阶段，在达尔富尔完成部署由1.7万名军人和3000名警察组成的联合国-非盟混合部队，其指挥权掌握在联合国手中。[③]

从以上联合国与区域组织成功合作的实践经验中可以看出：第一，联合国与区域组织之间在合作中形成明确的分工，两者可根据自身的优势发挥作用。一般来说，联合国负责统筹，区域组织侧重具体任务的实施。第

[①] 陈须隆：《联合国与区域组织相互关系的一个范例——试析联合国与欧安组织关系的建立和发展》，《国际政治研究》2000年第3期，第93页。

[②] Gray, *International Law and the Use of Force*, Oxford University Press, 2008, p.381. 中国也向非盟在达尔富尔的维和行动捐款180万美元。

[③] 参见联合国中文网站"苏丹达尔富尔专页"，http://www.un.org/chinese/peace/peace-keeping/unamid/index.shtml.

二，联合国与区域组织的合作可根据具体形势的发展变化来动态地分阶段推进合作步骤。第三，联合国与区域组织的合作应遵循《联合国宪章》的框架，并尊重和遵守国际法一般原则和习惯国际法的规定。

三 冷战后联合国与区域组织在和平行动中的竞争

尽管国际社会乐见联合国与区域组织在维护国际和平与安全上形成充分的合作关系，然而现实情况是非常复杂的，联合国与区域组织关系中更多呈现的是有限度的合作，或是区域组织将《宪章》或联合国决议视为工具根据情况功利对待之，甚至在某些极端情况下区域组织对联合国的区域办法"阳奉阴违"，或公然违反。为方便起见，本文就用"竞争"这一术语来描述联合国与区域组织之间在和平行动中除了合作之外的非合作状态。同时，本文也很难用笼统的语言来概括联合国与区域组织之间在和平行动上的竞争状态，所以选取了联合国与一些具体区域组织的案例来对它们之间的关系进行整体描述。

（一）联合国与欧盟

欧盟作为全球最发达地区之一的区域组织，无论是一体化程度还是机制建设都是最完善的，尽管它与非盟的性质类似，但是在维护地区和平与安全的职责上，它肯定不会像非盟那样愿意接受联合国安理会的主导作用。另外，在干预行动上欧盟又不同于美国，它更倾向于保持尊重法律规则的传统。这在实践中表现为，虽然从个体层面上来说，欧盟成员国对联合国维和行动的参与并不少，但欧盟作为一个组织整体，对联合国领导的维和行动并不那么热心，而是更愿意实施欧盟领导的冲突干预行动，在此基础上与联合国保持伙伴的关系而非参与者的姿态。[①]

《尼斯条约》第19条就联合国与欧盟领导的行动之间的关系提出了一些意见，一定程度上反映了欧盟对待联合国的态度。其中规定，"欧盟中

[①] 梁文敏：《冷战后冲突干预的欧盟模式：动力、特点与影响因素》，复旦大学2008级硕士学位论文，第110页。

同时属于联合国安理会理事国的成员国应该与其他成员国保持一致，并充分告知其他成员国。欧盟中同时属于联合国安理会常任理事国的成员国，在履行它们的职责时，确保维护欧盟利益，同时不对它们在《联合国宪章》条款下的义务构成损害"。

《尼斯条约》第19条对联合国与欧盟关系的规定是一个很值得研究的条款，它为同属联合国安理会常任理事国以及欧盟成员国的英国和法国规定了极其重要的条约义务。如果英国和法国严格遵守该条款的规定，势必对其在《联合国宪章》第39条、第53条以及第103条规定的条约义务造成影响，会对《联合国宪章》义务优先的原则构成挑战。同时，根据《联合国宪章》的法律框架，欧盟在本区域内发生冲突时，应暂缓采取行动直至安理会根据第39条的规定做出决议。但是，从《尼斯条约》第19条的规定来理解，欧盟似乎并不需要等待安理会的决定或行动。所以，《尼斯条约》第19条反映出欧盟欧洲中心主义的思维，也对联合国的条约义务构成了挑战。

欧盟在处理与联合国的关系中既存在以欧洲为中心的视角，即按照欧洲的历史经验与思维方式来理解和解释国际法，也暗藏着将国际法作为工具来对待的逻辑，即存在基于自身利益需要对法律规定做出任意解释的可能性。

（二）联合国与美洲国家组织

联合国成立之初包括冷战期间，联合国与美洲国家组织发生关系的案例最为频繁，而且美洲国家间体系早于联合国而存在，它对《联合国宪章》中区域办法的最终形成发挥的影响也最为显著。在冷战期间的古巴导弹危机、尼加拉瓜事件等冲突中，联合国与美洲国家组织之间的争端解决优先性之争受到当时国际社会包括学界的广泛关注。冷战结束之后，联合国与美洲国家组织的关系也进入了一个新的阶段。美洲国家组织在海地的行动很好地展示了联合国与美洲国家组织关系在冷战之后的发展。①

---

① 关于本次冲突的详细背景介绍可参见 David Malone, *Decision - Making in the UN Security Conflict: The Case of Haiti, 1990 - 1997*, Oxford, Oxford University Press, 1998。

1991年9月海地发生军事政变，美洲国家组织对海地事件做出了迅速反应。在美洲国家组织试图与塞德拉斯军事政权进行协商的努力和随后通过的贸易禁运措施均告失败后，1993年6月安理会通过的第841号决议标志着安理会正式介入海地事件，联合国与美洲国家组织开始共同合作解决海地问题。1994年7月安理会通过的第940号决议，授权使用"所有必要的手段来促使和推动海地军事政权下台"。[①] 9月，美国领导的多国部队进入海地境内，遭遇了海地安全部队少量抵抗后，很快就控制了海地的局势。这场名为"支持民主行动"的军事行动大获成功，并于1995年3月将责任转移给联合国海地特派团。联合国与美洲国家组织在解决海地问题上形成的关系基本上是在《宪章》的框架内进行，根据联合国安理会的决议合作解决冲突。但在联合国与美洲国家组织在海地事件的合作中还要看到一点，美洲国家组织在事件发生前期对海地的制裁未获得安理会授权遵循了该组织的一贯做法，其对制裁措施是否属于执行行动的解释发生了一些偏离，通过对执行行动进行狭义解释而规避了对《宪章》第八章的遵守。

最后需要指出的是，美洲国家组织因为历史发展悠久，形成了较完善的争端解决机制，对行动自主性的要求也比较强烈。加之美国是该地区的霸权力量，也是全球的霸权力量，美国一直对美洲地区实行门罗主义，防止外来势力对美洲事务过多干涉。联合国与美洲国家组织之间事实上很难形成比较稳定或机制化的合作关系。

（三）联合国与北约

联合国与北约的关系对联合国与其他区域组织而言具有实验性的意义，北约以自身的行动来尝试挑战联合国以及国际社会对区域组织使用武力的接受程度的底线。

事实上，北约与联合国也并不总是不相容的关系，冷战刚结束时北约积极寻求战略目标的重新定位，重视发展与联合国的合作。1992年7月，北约通过执行海事监测（Maritime Monitor）行动对联合国形成支持力量，北约的船只进入亚得里亚海（Adriatic Sea）海域来监督联合国成员国对安

[①] UN Doc S/ RES /940, July 31, 1994.

理会第 713 号①和第 757 号②决议的遵守。

然而，随着冷战后战略转型的完成，北约的安全责任区域得到扩展，倾向于相信即使没有安理会参与，北约也有责任和能力在传统防区乃至整个欧洲发挥作用。而前南解体时北约在该地区冲突中的实践更加强了它这一信念，联合国有时候也不得不对北约表示"让步"。终于在 1999 年，北约突破了《联合国宪章》规定的最后一层限制，在没有获得安理会授权的情况下对主权国家南联盟实行军事行动，这标志着北约与联合国的关系发生了重大变化。北约预料到安理会难以通过相关决议来采取措施，于是决定抛开安理会擅自行动，并利用"人道主义干涉"作为其行动合法性辩护的理由。1999 年，北约在它五十周年纪念日发表的战略文件中甚至只字不提《联合国宪章》的基本原则。

但北约在行动之后发现，即使比较受欢迎的"人道主义干涉"理论也不能使它的行动获得合法性基础，只有获得安理会的授权以及与联合国合作才能使得北约的行动较少受到争议。所以，北约在维护安全责任上与联合国的竞争中发现了与联合国合作的必要性，并在近年来的行动中非常注重获得联合国授权对其行动合法性的意义。例如，在 2011 年利比亚事件中，自北约 3 月从美国手中全面接管对利比亚军事行动的指挥权开始到最后，都始终强调北约的行动是在安理会第 1973（2011）号决议授权之下开展的。但北约对利比亚使用武力、采取一系列军事行动是否真正地符合第 1973 号决议关于授权的规定是个存疑的问题，北约在行动中有滥用安理会授权的倾向。

可以认为，尽管北约在新的战略文件中重新规定了对联合国权威的尊重，但其从本质上还是认为这只是为其行动增强合法性的一种宣示。北约注重在形式上获得安理会的授权，但在实践中却根据需要表现出滥用授权的趋势，利比亚事件就是最好的例证。也许当类似 1999 年南联盟事件重演，即联合国的授权不可能给予时，它的选择依然还会是先行动，再修补关系。

（四）联合国与西非经济共同体

西非经济共同（以下简称西非经共体）体在利比里亚危机和塞拉利昂

---

① UN Doc S/ RES/713, September 25, 1991.
② UN Doc S/RES/757, May 30, 1992.

危机等事件中都是在没有得到安理会授权的情况下率先行动的,而在冲突解决后期,西非经共体与联合国共同合作来开展维和任务。与北约相似的是,西非经共体一开始也是在联合国区域办法框架外采取行动。不同的是,北约是因为预料到安理会不会对其授权,而西非经共体是因为安理会不愿介入。而且,安理会对两个区域组织行动的事后态度也大相径庭,北约的行动引起了国际社会和联合国的"恐慌",相反安理会对西非经共体的行动却表示赞赏,并在后期的冲突解决阶段与其形成某种程度的合作关系。

此外,在联合国与西非经共体关系模式中有一个新的发展现象,就是西非经共体积极寻找新的依据和力量来维护本区域的安全,如西非经共体1999年协议就一定程度上反映了西非经共体在今后的政策选择方向。该协议的重要一点是完善区域组织对维护地区安全的机制建设,甚至可以通过自身的权力机关来授权在本区域内的执行行动。这也可能基于非洲的区域组织认为,如果没有一种有效的方法能对成员国境内常年不息的冲突进行解决,那么非洲地区就无法实现真正的和平、稳定与安全。因此,我们可以观察到,在联合国集体安全体系下获益或获得帮助最少的区域倾向于寻找替代的方法来维护地区和平与安全。很显然,联合国与安理会中的西方成员国不太愿意介入非洲大陆的冲突。[①] 但是,这样的后果将是,《宪章》下的区域办法对西非经共体等区域组织的制约力遭到削弱。

四 区域组织在和平行动领域对联合国形成挑战

通过以上联合国与区域组织在和平行动领域实践的分析发现,联合国与区域组织既有互相加强合作来共同维护全球和地区的和平与安全的需求,同时区域组织出于各种原因希望在和平行动中增强自主性的趋势也相当明显,与联合国在维护国际和平与安全的职责方面形成竞争关系。在某些情况下,区域组织的行动对《宪章》赋予安理会维护国际和平与安全的

---

① Marc Weller ed., *Regional Peacekeeping and International Enforcement: The Liberia Crisis*, Cambridge International Law Series, Vol. 6, Cambridge University Press, 1994, p. ix.

主要责任构成威胁，对《宪章》第八章关于"在维持国际和平与安全方面，就联合国而言，区域组织处于合作与补充的地位"①的安排形成挑战。从寻找合法性依据的角度来看，区域组织主要通过以下几种方式对联合国在维护国际和平与安全上的权威构成挑战和侵蚀。

（一）对《宪章》的条款进行"有弹性"的解释

1. 授权

《宪章》第53条规定，"如无安理会之授权，不得依区域办法或由区域机关采取任何执行行动"。区域组织在实践中通过对授权进行扩大解释来增加区域组织自由采取行动的空间，一些学者大多引用1989～1999年的利比里亚事件作为例证，认为"默示授权""事后授权"等也可以构成《宪章》第八章下的授权。美国的莫尼卡·哈基米（Monica Hakimi）教授在2007年的一篇讨论区域组织在国际秩序中的作用的论文中认为，根据《联合国宪章》规定，区域组织在没有安理会授权的情况下不得采取执行行动，然而国际社会并不总是遵从这一做法。② 文章在总结实践的基础上提出目前在区域组织开展执行行动上存在两种法律体系，一种存在于《宪章》的文本规定中，另一种存在于现实的实践中，第二种体系是基于对联合国授权缺失的事实和可预见不能获得安理会授权的预期之上。

本文认为，根据条约解释的善意原则，以及尊重《宪章》本身逻辑来解释的话，授权只有明示的形式，而且安理会的授权必须要有明确和清楚的意思表达。尽管实践有所变化，但在缺乏重复的实践累积、权威的法律确信的情况下，不能简单地认为《宪章》第53条关于授权的解释已经发生变化。

2. 自卫权

鉴于敌对国的问题已经过时，自卫权是《宪章》中明确规定可以作为

---

① 梁西：《梁著国际组织法》（第六版），杨泽伟修订，武汉大学出版社，2011，第241页。
② Monica Hakimi, "To Condone or Condemn: Regional Enforcement Action in the Absence of Security Council Authorization," *Vand. J. Trans. L*, Vol. 40, 2007, pp. 643 – 647.

未经授权采取执行行动的唯一例外。但如前所述，自卫权的行使必须满足严格的限定条件，即自卫必须以已经或正在发生"武力攻击"为前提，遵守"必要性"和"相称性"原则。并且，自卫是作为安理会采取行动之前而存在的一种临时和救急措施，当安理会的集体安全机制发挥作用时，该权利应自行停止。

冷战后的一些实践和理论观点同样通过扩大化解释自卫权来为区域组织或国家集团的行动寻找空间。例如，北约一直宣称自身是建立在《宪章》第51条上的防御型自卫组织，甚至有些学者将北约1999年对南联盟的空袭也视为自卫行动。2003年海湾战争爆发后，美国率领多国部队进入伊拉克，有些学者提出"预先性自卫"的概念为多国部队的军事行动进行辩护。北约关于行使自卫权的借口很容易辩驳，预先性自卫的理论则是国际法上一个备受争议的问题。预先性自卫的提出前提是对"武装攻击"做出扩大解释，即武力攻击也可以包括迫近的武力使用或威胁。本文基于（1）武力攻击的概念应遵循限制解释的方法；（2）预先性自卫明显违背相称性原则；（3）由于缺乏客观的评判标准，预先性自卫很有可能被滥用等理由，认为若承认预先性自卫在国际法上的合法地位，会对联合国的集体安全体制造成破坏性影响。

（二）混淆维和行动和执行行动的界限

《宪章》没有对维和行动进行明确的规定，联合国与区域组织在维和行动中也没有清晰的职责分工。① 过去几十年来，区域组织一直在不断地派遣自己的维和部队。冷战后维和行动中出现的新发展同样体现在区域组织的维和实践中，区域组织以开展维和行动的名义来部署任务，但事实上却超越传统维和的界限扩大到执行行动的领域。例如，在利比里亚和塞拉利昂事件中，西非经共体的行动都是以西非维和部队的名义来开展任务的，并声称得到了冲突方的同意，却在行动中明显违背了"非强制性"的"中立性"原则的要求。西非维和部队随着冲突的发展突破了禁止使用武力的限制，甚至直接参与到各方的交战中。然而，根据国际习惯上的一般

---

① Malcolm N. Shaw, *International Law* (4th Edition), Cambridge University Press, 1997, p. 882.

实践，区域组织的维和行动并不以得到安理会的授权为前提条件。所以，区域组织的"强力维和行动"（Robust Peacekeeping）在混淆维和行动和执行行动界限的基础上，规避了对《宪章》第 53 条关于授权规定的遵守，以维和行动之名行执行行动之实。[1] 维和行动与执行行动之间界限的模糊使得区域组织在行使维护安全职责时对安理会的控制权构成潜在挑战。

（三）重新定义"和平与安全"

区域组织自主授权开展执行行动得到发展的一个重要因素是，通过对"和平与安全"术语的重新定义来扩大冷战后区域组织的行动权利和行动范围，并催化了区域组织干涉行动的发展，从而对安理会在"和平与安全"上享有的专属判断权构成侵蚀。

根据《宪章》的规定，国际社会采取行动要有明确的法理基础，即被施行对象对《宪章》第 2 条第 4 项禁止使用武力原则的违反，或如刚果危机中普遍认为发生了严重威胁国际和平与安全的情势，安理会自身或安理会授权其他国际法主体根据《宪章》第七章的规定对此实行管辖或采取行动。然而，区域组织通过重新定义和理解本区域内"威胁和平与安全"的情势和行动，开始介入一些过去纯粹属于一国的内部事务，而这些领域是主权国家非常注重并加以维护的利益。[2] 例如，1993 年 12 月《西非经济共同体条约》进行修改，其中第 58 条规定"成员国在有利于维护本地区和平、安全与稳定之上加强关系"。[3] 值得注意的是，在该条约修改中采用了"和平、安全与稳定"的用语，不同于《联合国宪章》中只提及"和平与安全"。同样，《非洲联盟宪章》中也大量出现"和平、安全与稳定"的字眼。

（四）利用区域组织本身的条约规定

随着冷战后区域组织集体安全行动的实践发展，一些与区域组织解决

---

[1] James E Hickey, "Challenges to Security Council Monopoly Power over The Use of Force in Enforcement Actions: The Case of Regional Organizations," *International Legal Theory*, Vol. 10, Spring 2004, p. 114.

[2] Nicole Itano, "Ivory Coast tests African Union," *Christian Science Monitor*, October 7, 2002, http://www.csmonitor.com/2002/1007/p0601-woaf.html.

[3] Revised Treaty of ECOWAS (as amended by the Revised treaty), July 24, 1993, *International Legal Materials* (1996), p. 660.

冲突相关的法律规则正在形成当中。在一些区域组织的条约或文件中，出现了一些新的关于本组织采取行动权利的规定，这些条款赋予本组织在必要的情况下自行授权采取何种必要的手段来缓和冲突或其他破坏和平情势的权利。例如，西非经共体"1999年协议"的第10条、《非洲联盟宪章》第4条第h项和南部非洲发展共同体《防御协议》的第2条。

区域组织利用本组织的宪章性文件或条约来为自身行动的合法性作辩护，通过预设"国家同意"的前提而成为复杂的国际法问题，对联合国的权威构成很大挑战。然而，事实上国际社会很少依据区域组织文件来论证该组织采取行动的合法性，如果区域组织采取了带有强制性色彩的干涉行动，区域外的其他国家或整个国际社会首先会根据国际法基本原则或《宪章》的规定来谈论其行动的合法性问题。换言之，区域组织文件中对自身行动权利的规定从权威性上来说不足以构成在全球层面的说服力。从目前的国际实践来看，区域组织根据自身宪章性文件开展行动的合法性问题在实践和学者研究中都没有引起很多的关注。

（五）"保护的责任"等新概念

事实上，"保护的责任"与"人道主义干涉"理论的核心思想是一脉相承的，"保护的责任"是从责任的新视角来重新看待国家或国际组织基于人道保护目的之上的干涉行动。"保护的责任"之于区域组织也是一个重要的理念，例如《非洲联盟宪章》第一次将"保护的责任"以条约的形式赋予其法律拘束力，非盟成为确立"保护的责任"为本组织基本原则的区域性国际组织。《非洲联盟宪章》第4条第h项规定，非盟在战争罪、灭绝种族罪、反人类罪及种族清洗等罪行发生时有权利根据大会的决议对成员国进行干预。

然而，"保护的责任"迄今还只是一个概念，尚不构成一项国际法规则。所以，"保护的责任"更多还是一个发展中的理念，不具备明晰的内涵和实施机制。如果这样一个尚在发展中的辩护理由被区域组织利用来扩大自身的行动权利，其很有可能会被滥用，以及混淆联合国与区域组织在维护国际和平与安全职责上原本较清晰的法律规定。

总之，冷战后区域组织利用强调所谓的默示授权、扩大解释自卫权的例外情况、利用《宪章》未对维和行动做明确界定的模糊性以及根据冷战后安全形势的变化试图扩大自身对地区和平与安全情况的判断权,甚至通过在《宪章》之外的行为来赋予其行动合法性,包括缔结区域协议来赋予自身行动权利或提出一些"似是而非"的理念等方式和途径来扩大自身自行采取行动的空间和权利,以此来突破《宪章》第八章对区域组织采取强制行动的限制。在此过程中,联合国在维护国际和平与安全领域的权威受到削弱和挑战。但是,通过以上的分析也可以看出,在区域组织表现出自行采取行动的冲动和倾向时,它们为自身所寻找的理由和合法性的辩护总会受到很多的质疑和不认可。区域组织通过多次的实践发现,只有安理会的授权和支持才是其行动最确定和最高的合法性渊源。

五 对中国的启示

中国是联合国安理会的常任理事国,同时又是一个地区大国。中国负有责任和义务来维护世界和地区的和平与安全,联合国与区域组织在维护国际和平与安全中的关系问题一直是中国外交中非常注重的问题。

首先,中国高度重视联合国与区域和次区域组织在维护国际和平与安全领域的合作。2010年1月在安理会关于"联合国与区域和次区域组织在维护国际和平与安全领域的合作"专题辩论会上,中国驻联合国代表张业遂大使代表中国政府就该主题做了发言,表明了中国推动联合国与区域组织在维护安全领域合作的积极态度。① 联合国与区域组织在维护国际和平与安全上有各自的优劣势,两者应在互相合作中加强沟通和互信的建设,形成合力来共同维护国际和平与安全。因为各个区域组织的情况不同,与联合国之间的关系和历史发展也各不相同,联合国与区域组织之间的合作应根据具体情况有差别进行,分步骤灵活地展开。同时,在联合国与区域组织的合作中应强调安理会对维护国际和平与安全上的首要责任,保证安理会在国际集体安全机制中的中心地位。

其次,从与区域组织发展关系的角度来重新审视联合国的集体安全制

---

① 参见 http://www.china-un.org/chn/zt/sczx200810/t651326.htm。

度。联合国的改革是个热门话题，一些国家和学者对安理会的行动效力和程序的公平性等提出质疑。尽管当安理会无法有效地对破坏和平的行为做出处理时，区域组织也不自然或必然地就获得合法性去采取它们认为正义和为维护国际和平与安全目的而必要的手段。但联合国在维护安全上表现出的"选择性"问题确实值得关注，联合国并非总是愿意介入所有的地区冲突，而从联合国集体安全机制中获益最少的地区倾向于自行解决问题，如非洲地区的一些区域组织和地区协议。所以，在未来的联合国改革尤其是安理会改革中，要正视安理会在维护安全上的"选择性"问题，提高安理会的效率和加强对弱势地区安全资源的倾斜力度。

再次，关注和重视联合国权威和中心地位受到挑战的问题。安理会在维护国际和平与安全上的中心地位和首要责任是《宪章》赋予的权利和义务，是二战后联合国集体安全机制运行的核心和基石。如果一个世界建立在允许国家或国家联盟为它们认为的正义事业而诉诸战争的基础之上，那么世界秩序将极有可能重新陷入无政府状态。所以，中国一直重申"区域组织的行动应符合联合国的宗旨和原则、区域组织采取强制行动必须得到安理会的授权"的立场。

最后，中国高度重视与本地区的区域组织的交流与合作。中国一贯坚持睦邻友好的周边外交政策，积极参与区域和次区域合作。中国与东盟的"10+1"合作，中国、日本、韩国与东盟的"10+3"合作等，是推动亚太地区和平安全与合作发展的重要机制之一。同时，上海合作组织成立十多年来，已经成为一个完全意义上的区域安全组织，在促进地区安全、稳定和发展方面均发挥了积极的作用。中国将继续贯彻与邻为伴、以邻为善的外交方针，共同营造和平稳定的地区环境。

联合国应对叙利亚危机中的"能力赤字"及其影响[*]

金 彪[**]

[**内容提要**] 自2011年叙利亚危机爆发以来,联合国为应对叙利亚危机采取了一系列行动,但由于其"能力赤字"而未能取得实质性进展,并且引发了部分阿拉伯国家对联合国的不满。联合国改变其"能力赤字"现状的关键在于坚持《联合国宪章》的宗旨和原则,不能为了解决当前的问题而放弃原则立场来迎合某些国家的利益。

[**关键词**] 联合国 叙利亚危机 "能力赤字"

2014年阿拉伯世界的局部动荡仍然在持续,叙利亚危机不断发酵,成为世界关注的焦点。联合国作为当今最具权威性和最具代表性的国际组织,曾经在维护地区和平方面发挥了重要的作用。长期以来,联合国积极努力促进阿拉伯世界的和平与稳定。在2013年叙利亚局势恶化后,联合国安理会等相关机构和阿拉伯国家共同努力寻求化解危机的政治途径。在应对叙利亚危机中,联合国发挥着何种作用?面临着哪些挑战?对联合国与阿拉伯国家关系有何影响?本文尝试一一解答。

一 叙利亚危机分裂阿拉伯世界

叙利亚的反政府抗议由2011年3月中旬该国南部城市德拉15名年幼

---

[*] 本文是"北京高等学校青年英才计划项目"(Beijing Higher Education Young Elite Teacher Project)阶段性成果。

[**] 金彪,北京语言大学联合国研究中心讲师。

的学生在公共场所涂写反政府标语遭到逮捕而引发,抗议在地理范围和参与人数上逐渐扩大,并波及全国。作为回应,叙利亚总统巴沙尔·阿萨德出台了一系列改革措施,并且在 2011 年 4 月 21 日取消了自 1963 年开始实施的紧急状态。抗议民众刚开始时仅要求更大的自由以及政治经济改革,后来上升到要求现政权下台,并不满足于政府公布的改革措施。事实上,紧急状态取消的第二天,即 4 月 22 日即出现了最大规模的抗议。政府的镇压行动也从当天开始升级,截至目前已造成超过 1 万人死亡,数万人流离失所。

叙利亚危机是各种因素相互作用的结果,其中包括国家不能回应人民合理的政治、经济和社会要求以及叙利亚所处的复杂国际环境的影响。一开始,示威是和平的,但叙利亚政府的回应方式导致了武装冲突,这场危机日益暴力化和军事化。在国家开始暴力镇压异议行动之后,叙利亚国内出现了脱离政府和组建反政府武装团体的情形。与此同时,叙利亚总统宣布采取一系列行动,实施政治和治理改革方案。2012 年 2 月 26 日,叙利亚举行了核准新国家宪法的全民投票,随后于 5 月 7 日举行了议会选举,6 月 23 日任命了新政府。这些举措是在全国各地持续发生暴力事件的情形下实施的,但未能满足反对派的要求。①

叙利亚国内和流亡海外的人士组成了政治反对派,由各种不同成员组成的叙利亚全国委员会获得多方承认。然而,叙利亚国内和国外还存在不容忽视的其他反对派团体。许多反政府武装团体由叛逃军人和越来越多的武装平民组成,他们自称"自由叙利亚军",其领导人在国外,他们相对独立地在当地开展活动。多数人最初采取防守态势,但后来转向,对政府部队和设施以及其他重要的国家基础设施采取进攻行动,其中一些事件有第三方卷入,因此,形势变得更加复杂,有更多人员伤亡。

由于暴力行动增加,根据联合国大会第 66/253 号决议中提出的要求,秘书长潘基文和阿盟秘书长于 2012 年 2 月 23 日共同任命前联合国秘书长科菲·安南为联合国和阿盟叙利亚危机联合特使。3 月 10 日,安南向叙利亚总统提出六点建议,要求各方承诺开展政治进程和停止一切形式的武装

---

① 参见联合国网站,http://www.un.org/zh/focus/northafrica/syria.shtml。

暴力行动，要求政府立即停止在居民中心使用重武器，并开始撤出在居民中心和周围地区集结的军队。该建议还要求叙利亚政府采取其他措施缓和危机，包括允许国际社会进行人道主义援助，允许探访并释放被羁押人士，给予记者准入和行动自由，保障结社自由以及和平示威权利。3月25日，叙利亚政府承诺实施六点建议。3月27日，联合特使确认了其承诺。联合特使还要求反对派做出类似的承诺。虽然在3月底4月初发生了激烈的暴力行动，但在一年多的时间里，各方首次宣布停止暴力，停止暴力的措施于4月12日在全国各地生效。

联合国安理会在4月19日一致通过第2043号决议，呼吁叙利亚所有各方，包括反对派，立即停止一切形式的武装暴力；决议决定设立联合国叙利亚监督团。监督团初期部署300名非武装军事观察员和文职人员，最初任期为90天。根据联合国秘书长潘基文对当地事态包括停止暴力情况的评估，监督团将从速部署。按照该决议，监督团的任务是监测叙利亚所有各方停止一切形式的武装暴力行动，并支持充分执行叙利亚危机联合特使安南的六点建议，要求叙利亚政府和联合国秘书长毫不拖延地缔结一份《特派团地位协定》。6月15日，由于叙利亚全国各地武装暴力活动的加剧，联合国叙利亚监督团暂停其活动。此后，由于安理会所设定的条件没有得到实现，联合国叙利亚监督团的任务于8月19日结束。2012年9月1日，来自阿尔及利亚的拉赫达尔·卜拉希米接替安南，成为联合国与阿盟叙利亚问题联合特别代表。

2013年3月中旬，叙利亚政府和反对派武装相互指责对方在阿萨尔地区使用了化学武器。叙利亚政府随即提出请求，希望联合国就相关指称开展调查。潘基文秘书长随后宣布成立调查组，并任命曾经为联合国核查伊拉克生化武器特别委员会工作的瑞典科学家塞尔斯特罗姆担任调查组负责人。8月19日，调查组抵达大马士革。21日，反对派武装声称叙利亚政府军使用含有沙林毒气的火箭弹对大马士革郊区姑塔镇东区进行袭击，造成数百人死亡。调查组随即进行了调查。9月15日，联合国叙利亚化学武器调查小组向潘基文秘书长正式呈交了有关8月21日发生在叙利亚首都大马士革郊区姑塔镇的化学武器事件的调查报告。根据调查所取得的证据，联合国调查小组的结论为，在2013年8月21日叙利亚境内发生的各派冲突中较大规模地使用了化学武器。报告表示,有确凿证据显示叙利亚冲突方发生的火箭攻击使用了沙林毒气。调查小组收集的环境、化学和医学样本尤其提供了清晰且具有说服力的证据,表明投放在大马士革姑塔镇的地对地火箭弹含有神经性毒剂沙林。① 该报告确定发生了使用化学武器的事件,但没有对谁使用了化学武器做出定论。

叙利亚问题独立国际调查委员会在9月16日发布的有关叙利亚人权状况的最新报告指出,无论是政府军还是反政府武装都没有遵守交战规则,避免对平民地区和平民设施如医院进行攻击,也没有根据国际法对儿童进行保护。报告表示,儿童在平民伤亡中占很大的比例。他们被任意逮捕并遭受酷刑,他们同成年人关在一起。政府应采取步骤,释放儿童或将他们转移到为未成年人安排的设施中,使他们受到公平的审判并享受儿童的权益。

在联合国调查小组调查报告公布后,叙利亚于2013年9月20日将化学武器库清单交给了禁止化学武器组织。② 联合国安理会15个成员9月27日以一致赞成的结果通过了授权对叙利亚存在的化学武器进行核查和销毁的决议草案,这是自叙利亚冲突爆发以来安理会所通过的第一份有关叙利亚问题的决议草案。9月27日,禁止化学武器组织执行理事会做出决定,制订了迅速消除叙利亚化学武器的计划并就此进行严格核查的特别程序。安理会在当天通过的决议中对此表示欢迎,并决心按禁止化学武器组织执行理事会提出的时间表,销毁叙利亚的化学武器。

叙利亚危机不仅导致叙国内陷入内战的混乱,而且引发地区局势动荡。西方国家和其他中东国家都在叙利亚寻找自己的"代理人",伊斯兰国家在对待叙利亚问题上出现了明显的分裂,叙利亚成为伊斯兰教教派之争的战场。联合国调查团在致联合国人权委员会的报告中坦承,自2011年3月以来,叙利亚政府军与反政府武装之间的政治斗争已演变成

---

① Report on the Alleged Use of Chemical Weapons in the Ghouta Area of Damascus on 21 August 2013, *United Nations Mission to Investigate Allegations of the Use of Chemical Weapons in the Syrian Arab Republic*, prag. 27 – 29, p. 5, http://www.un.org/zh/focus/northafrica/cwinvestigation.pdf.

② 叙利亚在2013年9月14日同意加入《禁止化学武器公约》(Chemical Weapons Convention)。

一场"公开的教派之战",将来自中东和北非的各路人马拖入厮杀疆场。叙利亚内战反映了沙特阿拉伯、卡塔尔等海湾国家与伊朗的教派争夺。① 伊朗、黎巴嫩、伊拉克的什叶派支持叙利亚巴沙尔政权,伊朗向巴沙尔政权提供财政援助、外交支持和军事援助。黎巴嫩真主党于2011年3月派出数千名战士奔赴叙利亚,充当巴沙尔政权进行城市巷战的战略、战术顾问。2013年1月,真主党进一步扩大在叙利亚的军事行动,派出训练精良的特种部队帮助保卫巴沙尔政权,真主党还从黎巴嫩利塔尼河南部及贝卡谷地的什叶派村庄征召数千名后备役战士,以准备驰援叙利亚战场。② 伊拉克什叶派也参与叙利亚内战捍卫巴沙尔政权。叙利亚的什叶派获得伊朗、黎巴嫩真主党和哈马斯的支持,而西方国家、海湾国家、土耳其、埃及、约旦、利比亚等国则支持逊尼派,但后者内部也存在着分歧,美国对叙利亚穆斯林兄弟会仍有顾虑,并未向其提供军事支持;沙特阿拉伯和卡塔尔分别支持"全国委员会"和"叙利亚自由军",土耳其支持叙利亚反对派,并成为后者的大本营。③ 叙利亚危机使相关国家卷入其国内战争,特别是使伊斯兰世界原来的宗教矛盾更加突出,使地区局势恶化。

二 联合国在叙利亚危机中的"能力赤字"

自叙利亚局势恶化以来,联合国各机构积极行动为促成叙利亚问题政治解决和援助叙利亚难民而努力。但由于成员国的态度分歧,特别是美俄等大国之间的分歧,在解决叙利亚问题上联合国的作用相对有限。

根据《联合国宪章》的宗旨及原则,安理会负有维持国际和平与安全的责任,是唯一有权采取强制行动的机构。叙利亚危机发生后,安理会立即对叙利亚局势进行多次磋商,美英等国的提议三次被否决。

---

① 方金英:《中东政治伊斯兰的发展趋势》,《现代国际关系》2013年第3期,第18页。
② Daniel Nisman and Daniel Brode, "Will Syrian Bleed Hezbollah Dry?" *International Herald Tribune*, January 31, 2013.
③ 姚大学、闫伟:《叙利亚危机的根源及未来政治生态》,《西亚非洲》2012年第6期,第21页。

2011年10月4日，安理会就中东局势问题举行第6627次会议，并就由法国、德国、葡萄牙和英国共同起草提交的一份有关谴责叙利亚的决议草案进行表决。由于安理会常任理事国中国和俄罗斯的反对，巴西、印度、黎巴嫩、南非弃权，决议最终未能通过。2012年2月4日，安理会举行第6711次会议，对由摩洛哥等多个阿拉伯国家以及美国、英国、法国、德国等共同提出的一份有关叙利亚问题的决议草案进行表决。草案要求叙利亚各方停止暴力和报复行为，要求叙利亚政府遵照阿拉伯联盟早些时候提出的行动计划，释放被拘禁者，从城市撤出所有军队，保障和平示威的自由，允许阿盟观察团不受阻碍地在该国开展工作，并要求叙利亚政府和反对派在阿盟主持下、按照阿盟提出的时间表进行对话，开启政治过渡进程。虽然有13个国家投票赞成，但由于常任理事国中国和俄罗斯行使否决权，决议未能获得通过。2012年7月19日，安理会举行第6810次会议，对英国、美国、法国、德国和葡萄牙共同提交的一份有关叙利亚的决议草案进行表决。这份决议草案要求叙利亚政府在规定期限内停止使用重型武器，否则将面临制裁，并要落实联合国与阿盟特使安南提出的六点建议。根据《联合国宪章》第七章相关内容，安理会可以在其决议未能得到当事方执行的时候，采取制裁或军事打击等手段。巴基斯坦、南非弃权，中国和俄罗斯否决，决议最终未获通过。

联合国安理会虽然多次协调立场未果，但是并未放弃努力。2013年9月27日，安理会15个成员以一致赞成的结果通过了授权对叙利亚存在的化学武器进行核查和销毁的决议草案，这是自叙利亚冲突爆发以来安理会所通过的第一份有关叙利亚问题的决议草案。决议强调叙利亚的任何一方都不得使用、开发、生产、获取、储存、保留或转让化学武器；叙利亚应充分与禁化武组织和联合国合作，包括遵守相关建议，接受禁化武组织或联合国指定的人员的核查，保障并确保这些人员开展活动的安全，让这些人员随时不受阻碍地进出任何和所有地点并让他们在履行职责时拥有视察这些地点的权利，允许随时不受阻碍地接触禁化武组织认为对它完成任务至关重要的人，并要求叙利亚所有各方都应为此充分予以合作；决议决定授权一个由联合国人员组成的先遣队为禁化武组织在叙利亚的活动提供初期援助；决议敦促叙利亚所有各方和拥有相关能力的有关会员国密切合作,并与禁化武组织和联合国合作,做出安排以保障监测和销毁特派团的安全,同时确认叙利亚政府在这方面负有首要责任;决议深信应追究那些对叙利亚境内使用化学武器行为负责的人的责任。

禁止化学武器组织在 2013 年 9 月 27 日做出的有关销毁叙利亚化学武器的决定规定,叙利亚需在 7 天内就拥有或持有或在其管辖下的化学武器提供补充材料,于 2014 年上半年完成对所有化学武器物料和设备的销毁;尽快且无论如何不晚于 2013 年 11 月 1 日,完成化学武器生产和混合/装填设备的销毁;决定规定禁止化学武器组织将尽快并最迟于 2013 年 10 月 1 日根据本决定启动在叙利亚境内的视察;至迟于本决定通过后 30 天内,对清单所列的所有设施进行视察。

联合国大会是联合国主要的审议、监督和审查机构,由联合国全体会员国共同组成。叙利亚危机之后,联合国大会通过关于叙利亚问题的决议,对叙利亚政府镇压反对派的行动表示谴责,要求立即停止一切暴力行动;释放被拘禁的人士;从叙利亚城镇撤出所有政府军;保障和平示威的自由;确保阿盟和国际媒体人士自由进入叙利亚等。2013 年 9 月 24 日,第 68 届联大一般性辩论开始举行。联合国秘书长潘基文在讲话中重申,叙利亚内战危机必须通过政治方式和平解决,武器流动以及穷兵黩武之举只能造成流血冲突的持续。潘基文在 68 届联大一般性辩论上发表讲话指出,叙利亚危机是当今世界最大的和平与安全挑战。这场持续近三年的灾难性内战已造成超过 10 万人丧生,700 多万人(相当于该国总人口的 1/3)逃离家园,更将整个中东地区推向危险的动荡边缘。[1]

除了联合国安理会和联合国大会之外,联合国的一些专门机构也在缓解冲突、救助难民等方面发挥了建设性作用。

叙利亚局势恶化以后,联合国人权理事会多次通过决议谴责叙利亚境内出现的严重侵犯人权的行为,并且成立国际调查委员会调查叙利亚人权状况。2011 年 8 月 23 日人权理事会授权成立叙利亚问题独立国际

---

[1] 参见联合国网站,http://www.un.org/zh/focus/northafrica/newsdetails.asp?newsID = 20563&criteria = syria。

调查委员会，旨在彻查自 2011 年 3 月叙利亚危机爆发以来冲突各方违反人权的行为，对侵权及犯罪的事实和情况加以确认，并在可能时查明肇事者，以确保追究其责任。2013 年 3 月 22 日，联合国人权理事会以 41 票赞成，5 票弃权和 1 票反对的结果通过决议，决定将叙利亚问题独立国际调查委员会的任期延长 1 年。决议要求委员会继续向人权理事会会议提交有关叙利亚人权状况的报告，还要求联合国秘书长向调查组提供必要的资源，以使其全面完成使命。2012 年 7 月 6 日，在日内瓦召开的人权理事会第 20 次会议以 41 票赞成、3 票反对和 3 票弃权的表决结果，通过了由美国等国提出的一份对叙利亚境内的暴力及侵犯人权行为予以谴责的决议草案。俄罗斯、中国和古巴认为这份决议草案的内容不够平衡和客观，因此投了反对票；印度、菲律宾和乌干达弃权。决议草案强烈谴责叙利亚境内出现的各种严重侵犯人权行为，并特别对叙利亚政府和亲政府民兵进行了谴责，要求叙利亚各方停止一切暴力，执行安南提出的六点和平计划，强调应追究侵犯人权者的责任，并决定将叙利亚问题独立国际调查委员会的所有报告递交给联合国相关机构及秘书长，以采取适当行动。2013 年 6 月 14 日，人权理事会就叙利亚问题通过一项新的决议，要求叙利亚当局立即向独立国际调查委员会提供通行自由，允许其在叙利亚境内开展调查工作。决议谴责包括真主党民兵在内的外国战斗人员卷入叙利亚冲突，并要求叙利亚当局协助人道主义组织向所有存在需要的人提供全面援助。①

联合国世界粮食计划署从 2011 年 8 月开始向叙利亚提供紧急援助。截至 2014 年 2 月，该署为叙利亚境内 370 万人，邻国的 150 万难民提供了援助。联合国粮食机构的目标是每月尽可能多地帮助叙利亚境内的 425 万民众，但不安全的局势使得 50 万人无法获得粮食援助。世界粮食计划署呼吁，2014 年筹款 20 亿美元，为叙利亚境内或逃往邻国的 700 万无家可归民众提供粮食。② 另外，世界粮食计划署还呼吁叙利亚各方遵

---

① 参见联合国网站，http://www.un.org/zh/focus/northafrica/newsdetails.asp?newsID = 20002&criteria = syria。
② 参见联合国世界粮食计划署网站，http://cn.wfp.org/news/news - release/syria - conflict - enters - fourth - year - some - food - reaches - previously - inaccessible - areas。

守人道主义原则，确保人道救援人员及物资的安全，并希望各国提供资金援助。

联合国难民署一直与合作伙伴一起，为难民营中的叙利亚难民提供医疗服务。联合国难民署叙利亚难民问题区域协调员穆姆兹斯在2013年4月9日表示，目前约旦、土耳其、黎巴嫩和伊拉克收留的叙利亚难民人数已经达到130万，难民增加的速度远远高于人道主义机构此前的估计，如果在年底之前叙利亚问题无法找到政治解决方案，难民人数可能会增至400万。① 2013年10月22日联合国难民署发言人爱德华兹在日内瓦指出，该机构在叙利亚的援助目标是向300万叙利亚人提供援助物资，使他们能够养家糊口。据统计，叙利亚冲突造成叙利亚境内医疗设施严重损毁，57%的医院被损坏，无法向病人提供治疗服务；15000名医生离开叙利亚，到国外谋生。② 截至2013年年底，联合国难民署为叙利亚超过320万流离失所的民众提供了救援物资。③

联合国相关机构在叙利亚局势恶化后积极参与应对危机，安理会通过多次会议磋商，但由于大国意见分歧，一直未能达成一致，在制止武力冲突方面联合国的努力收效甚微。进入2014年，联合国在调停叙利亚冲突方面有所进展。2014年1月25日，在联合国阿盟叙利亚问题联合特别代表卜拉希米的主持下，叙利亚政府与反对派代表在联合国日内瓦办事处举行了冲突爆发以来的首次面对面会谈。会谈首先讨论了人道主义问题。双方就释放相关人员达成了一致，叙利亚政府同意允许在遭受其包围的霍姆斯城内的妇女与儿童离开。④ 自叙利亚冲突爆发以来，联合国及其相关机构积极应对叙利亚危机，但并未达到预期目标，显得"心有余而力不足"，这充分说明联合国在应对重大国际安全问题上存在"能力赤字"。

---

① 参见联合国网站，http://www.un.org/zh/focus/northafrica/newsdetails.asp?newsID=19578&criteria=syria。
② 参见联合国网站，http://www.un.org/chinese/News/story.asp?NewsID=20732。
③ 联合国难民署2014年第1期电子通讯，参见http://www.unhcr.org.hk/unhcr/tc/get_involved/newsletter_list/newsletter_main.html?id=16。
④ 参见联合国网站，http://www.un.org/zh/focus/northafrica/newsdetails.asp?newsID=21240&criteria=syria。

三 "能力赤字"对联合国与阿拉伯国家关系的影响

2013年10月17日,第68届联合国大会选举沙特阿拉伯、乍得、立陶宛、尼日利亚和智利5国为2014~2015年度安理会非常任理事国。沙特阿拉伯是历史上首次当选安理会非常任理事国。然而,沙特阿拉伯外交部18日在当选安理会非常任理事国后发表声明称,因联合国安理会在处理国际冲突中没有作为,沙特拒绝接受安理会非常任理事国的席位。声明说,安理会在处理诸如巴以问题、叙利亚冲突和中东大规模杀伤性武器等问题上持双重标准,未能真正行使其维护世界和平的责任。声明说,沙特感谢联合国会员国对沙特的信任,但沙特拒绝接受这一席位,除非安理会进行改革使其可以履行维护世界和平与安全的责任。沙特拒绝联合国安理会非常任理事国席位对联合国具有严重的负面影响。

沙特阿拉伯作为阿拉伯世界和中东地区有重要影响力的国家,拒绝出任联合国非常任理事国具有象征性意义。虽然不是所有的阿拉伯国家都支持其态度,但这充分说明联合国与阿拉伯国家之间的关系受到了影响。联合国阿拉伯国家集团在2013年10月19日发表声明,呼吁沙特阿拉伯重新考虑拒绝担任安理会非常任理事国的决定。声明说,阿拉伯国家集团对沙特"在这一重要的历史性阶段代表阿拉伯和伊斯兰世界特别是中东地区挺身而出"致以敬意,希望沙特保留安理会非常任理事国席位。声明还说,阿拉伯国家集团呼吁沙特继续勇敢地捍卫阿拉伯国家的事业,"特别是在联合国安理会的讲台上"。联合国阿拉伯国家集团由联合国会员国中除叙利亚之外的所有阿拉伯国家和联合国观察员国巴勒斯坦组成。叙利亚在2011年11月被阿拉伯国家联盟中止成员国资格后也被阿拉伯国家集团排除在外。但是,沙特的态度在阿拉伯世界不乏支持者。"阿拉伯人与安理会有着漫长而悲剧的历史。这一机构从未保护过他们。在商议期间,阿拉伯事业经常沦为国际势力之争以及否决权使用的受害者。""安理会已成为做伪证的论坛和做交易的场所。安理会丧失其平衡作用,到了与其成立之初的理由毫无关系的地步。沙特决定不参加安理会,只是对其缺陷的拒绝。试图说服沙特重新考虑其决定的阿拉伯人是错误的。相反，他们应该支持退出的决定，告诉世界，阿拉伯民族没有死。"①

自联合国成立以来，从未有任何一个成员国拒绝安理会非常任理事国席位。作为联合国最具权威的机构，对安理会非常任理事国资格的竞争向来激烈，出任安理会非常任理事国意味着在全球安全事务和地缘政治上拥有实际发言权，而且事关成员国的国家形象。毫无疑问，沙特阿拉伯的态度反映了其对于联合国在中东事务上的不满、对联合国"能力赤字"的不满，折射出联合国与部分阿拉伯国家之间的紧张关系。

联合国与阿拉伯国家之间出现紧张关系的主要原因在于联合国在应对叙利亚危机中的"能力赤字"，那么是什么原因导致联合国出现了"能力赤字"？

首先，联合国改革进展缓慢，未能适应国际格局的变化发展。联合国是当今世界最具权威性和普遍性的国际组织，在维护世界和平、促进世界发展方面发挥了不可替代的重要作用。联合国是二战结束以后的雅尔塔体制的产物，60多年过去了，世界形势发生了深刻的变化，国家实力此消彼长，而联合国未能及时跟上时代步伐，以改革适应国际格局的发展变化。在联合国整体改革进程中，安理会的改革尤其缓慢。发展中国家特别是新兴发展中国家的实力和地位不断提高，要求在联合国发挥更大、更重要的作用。长期以来，发展中国家认为它们没有受到应有的尊重和重视，涉及它们利益的问题没有通过联合国渠道得到合理的解决，最终导致它们参与联合国事务的热情不高。

其次，联合国是大国争夺的场所，有时会成为大国争夺的牺牲品。在应对重大国际安全问题时，联合国由于自身缺乏资源，行为能力有限，需要依靠大国的支持；而大国将联合国视作实现自身利益的工具和获得行动合法性的来源。这直接导致安理会成为大国争权夺利的场所，成为大国的"表决机器"。当本国提出的决议能在安理会通过时就利用联合国这个合法的平台，当本国提出的决议不能在安理会通过时就绕开联合国，联合盟国

---

① 刘睿、柴月、黄培昭、青木、杨明、汪析：《沙特抵制安理会风波升级 阿拉伯国家怨气被点燃》，《环球时报》2013年10月23日。

另外开展行动。这样，联合国就成为大国手中的权杖，能利用则利用，不能利用则被抛弃。联合国的名誉和威信一次次地受打击，2003年的伊拉克战争是最明显的案例，在国际社会应对叙利亚危机过程中联合国也是如此。

最后，联合国自身能力有限并且面临其他国际机构的竞争。长期以来，联合国面临的效率低下、财政危机、议题过多、过分依赖大国等问题没有得到解决，这导致了联合国在应对重大国际问题时的"能力赤字"。这也是近年来联合国影响力有所下降的重要原因。与此同时，国际社会为应对重大国际问题设立了一些新的国际合作机制和机构，这些新的合作机制和机构对联合国形成了一定的竞争和冲击。例如，G20在全球经济治理中发挥了不可替代的重要作用，成为应对自2008年以来的全球性金融危机的重要平台，而联合国在此过程中发挥的作用相当有限。联合国内部长期面临的问题没有解决，外部面临其他国际合作机制和机构的竞争，势必出现"能力赤字"。

联合国提高应对重大国际问题的能力的关键在于，坚持《联合国宪章》的宗旨和原则，坚持维护国际公平正义，不能因为少数国家的反对而放弃固有的原则。联合国依据其宪章的宗旨和原则处理重大国际问题不可能得到所有国家的支持，大国之间出现分歧从而影响联合国的行动属于正常现象。联合国如果为了迎合少数国家的需求与利益而放弃自身的立场和原则，尽管可能会换取这些国家的暂时支持，但从长远角度来看，这将损害联合国的声誉，联合国将会成为大国维护自身利益的工具，无法提升联合国应对重大国际问题的能力，从而改变其"能力赤字"的现状。

四　结语

阿拉伯世界长期面临民族宗教矛盾，在2008年世界金融危机不断发酵以后，一些国家内部的经济社会矛盾突出，导致了政权更迭、社会混乱乃至长期内战的局面。联合国一直以来致力于促进阿拉伯世界的和平与稳定。在过去的一年中，为应对叙利亚危机，联合国及其相关专门机构协调各国立场，利用联合国系统内部和外部的资源为化解危机、救助难民等开展了大量的行动，但是效果并不理想，而且还引起了一些大国和少数阿拉伯国家的不满，导致了联合国的声誉受损，与阿拉伯国家的关系也受到了影响。联合国要提高应对重大国际问题的能力，改变"能力赤字"的现状，需要加快改革的进程，与其他国际机构开展更紧密的合作。在此过程中最关键的是要坚持《联合国宪章》的宗旨和原则，不因少数大国的态度而改变自身的立场，这样才能维护联合国的权威，提高行为能力。

联合国机构
UN Agency

国际法院

丁 端[*]

> 国际法院的法官来自世界各地,来自不同的文化,尤其代表差异极大的法系。国际法是一种超越语言、文化、种族和宗教的语言。
>
> ——国际法院前院长罗伯特·詹宁斯爵士
> 1992年10月在联合国大会上的讲话

一 概况

国际法院,又称为国际法庭,法语名称 Cour internationale de Justice (CIJ),英语名称 International Court of Justice (ICJ),是联合国的司法裁决机构。根据《联合国宪章》的规定,国际法院于1945年6月成立,设在荷兰海牙的和平宫(the Peace Palace),是联合国六个主要机构中唯一设在纽约以外的机构。国际法院由15名法官组成,通过联合国大会和安理会选举产生,任期9年。国际法院由其行政机关书记官处协助,官方语言为英语和法语。法院的年度预算由大会通过,不到联合国预算的1%。

国际法院具有双重作用:对各国所提交的案件做出具有法律约束力的裁决,在联合国等国际组织的授权下提供建议性质的法律咨询。

二 历史沿革

国际法院的建立标志着长久以来寻求和平解决国际争端努力的高潮。

---

[*] 丁端,华东师范大学国际关系与地区发展研究院研究生。本部分由其翻译整理。

历史上，调停和仲裁的出现早于司法判决，二者一度是和平解决国际争端的主要方式。1899年，在海牙和平大会上，各国代表同意成立常设仲裁法院（Permanent Court of Arbitration，PCA），每个国家最多委派4名法官，组成全体陪审员，每次审判时从中选择法官组成审判庭。常设仲裁法庭成立于1900年，1902年正式启用。常设仲裁法庭仅在必要时才会组建审判庭，但作为常设机构，它的成立标志着仲裁法律和实践的"制度化"进程。

根据《国际联盟盟约》第14条的规定，联盟大会有责任组建常设国际法院（the Permanent Court of International Justice，PCIJ）。国际联盟（the League of Nations）成立后，在1920年11月召开的联盟第一次大会上，关于成立新国际法院的报告被提交给理事会审议。12月，审议委员会向大会提交了修改后的草案，并获得全体一致通过，成为《常设国际法院规约》。截至1921年9月第二次国际联盟大会开幕时，规约已获得超过半数成员国签署通过，因此正式生效。1922年，常设国际法院搬入海牙和平宫，进入实际运作阶段。

表1 比较：仲裁法院和国际法院

仲裁法院（仲裁）	国际法院（司法解决）
当事方指定仲裁员	常设法院
当事方商定程序	程序事先由《规约》和《规则》确立
当事方选择官方语言	正式语言是英语和法语
程序不公开	程序大部分公开
费用由当事方承担	费用由联合国承担

资料来源：联合国新闻部：《国际法院》（第10版），联合国出版物，纽约，2000。

1939年9月，一战的爆发使常设国际法院陷入瘫痪。1944年10月举行的敦巴顿橡树园会议决定成立包括国际法院在内的新型国际组织。旧金山会议上，成立新国际司法机构的提议受到广泛讨论，最后决定成立国际法院代替之前的常设国际法院。1946年1月31日，常设国际法院的全体法官辞职，1946年2月6日国际法院第一次选举大会召开。4月，常设国际法院正式解体，紧接着国际法院选举来自萨尔瓦多的José Gustavo Guerrero（常设国际法院最后一任院长）出任院长，并于1947年5月接收到了第一宗提交的案件。

与常设国际法院一样,国际法院的管辖权取决于当事方是否愿意向其提交争端,但新的不同点在于,一个国家可以事先宣布,与另一个做出同样宣布的国家将来可能产生的任何争端,承认法院的强制管辖权。因此,该国可以单方面向法院提交争端,传唤另一个国家出庭,而无须当事国各方事先商定将案件提交法院。

三　组织结构

1. 法官

国际法院的 15 名法官由选举产生,任期 9 年,可选可连任。法官由联合国大会和安全理事会选举产生,这两个机关同时但分别进行投票。安全理事会的否决权不适用此项选举。候选人必须在这两个机关都获得绝对多数票才能当选,因此往往需要进行多次投票。

为了确保法官的组成具有一定的连续性,每三年改选 1/3 的法官。改选通常在秋季举行,当选法官于次年 2 月 6 日上任,1946 年的这一天即是国际法院首批法官就职的日子。如果法官在任期内亡故或辞职,应该尽快举行特别选举,选出法官填补未满任期。

《国际法院规约》(以下简称《规约》)的全体当事国都有权提出候选人。为使提名程序不受政治考虑的影响,候选人不由政府直接提名,而是由常设仲裁法院的法学家团体提名。在未参加常设仲裁法院的国家,则由以同样方式成立的团体提名。每一法学家团体所提名的候选人人数不得超过四人,其中属于本国国籍者不得超过二人,其余候选人可来自任何国家。

《规约》规定,法院由 15 名独立法官组成,不论国籍,但需品格高尚并在本国具有最高司法职位的任命资格,或被公认为国际法学家。实际上,法院许多法官在当选之前都曾任本国外交部的法律顾问、国际法教授、大使或最高法院法官。

考虑到地域均衡原则,国际法院不得有两名法官为同一国国民。另外,全体法官必须代表世界各大文化和主要法系。根据此项原则,法官成员名额按世界主要区域分配:非洲 3 名、拉丁美洲 2 名、亚洲 3 名、西欧和其他国家（加拿大、美国、澳大利亚和新西兰）5 名，东欧（包括俄罗斯）2 名。这个分配方案与安理会席位的分配办法相同。任何国家都没有自动占据国际法院席位的权利，但国际法院中一直都由安理会常任理事国国民担任法官。

法官一旦当选，就不代表本国政府，而是独立的存在。每名新上任的法官都在其出席的第一次公开庭上做出如下宣誓："本人郑重宣布，愿秉公竭诚、诚信忠实地行使本人作为法官的职责和权力。"法官在本国政府是当事方的案件中投票反对本国政府立场的情况并不少见。

国际法院院长和副院长每三年由其他法官以无记名投票方式选出，他们必须获得绝对多数票，但没有国籍限制。院长的职责是，在由法官组成的预选和行政委员会和其他委员会的协助下，指导法院的工作并监督法院行政事务。普通法官排名在院长和副院长之后，排序仅次于两者的法官称为"资深法官"。国际法院开庭时，法官按照任职时间长短就座，但在执行任务时（如起草法院判决），法官地位一律平等，不论其年龄、当选先后或任职时间长短。

如果一个案件的当事国没有本国国籍的法官，法院可以选派一名专案法官，不必持有指派国的国籍。专案法官与法官成员做出同样的宣誓，在案件审理中地位完全平等，并拥有投票权。专案法官体现了国际法院运作的一个基本原则：当事各方完全平等。

中国籍法官史久镛于 1994 年 2 月至 2010 年 5 月担任国际法院法官，2003 年获选连任。他曾于 2003 年至 2006 年担任国际法院院长，也是首位获任此职的中国人。2010 年 6 月 29 日，中国资深女外交官薛捍勤在联合国大会和安理会举行的国际法院法官选举中高票当选，9 月宣誓就职。她是这一权威国际司法机构中的首位中国籍女法官，2011 年 11 月获得连任。[①]

2. 书记官处

书记官处是法院的常设行政机关，只向法院负责。书记官长在副书记官长的协助下领导书记官处的工作，书记官长不在时由副书记官长代行职

[①] 《国际法院》，新华网，http://news.xinhuanet.com/ziliao/2003-06/03/content_900678.htm。

务。由于国际法院既是法院又是国际机构，书记官处的工作既具有司法和外交性质，又具有行政管理性质。

书记官处的大部分工作属法律性质，特别是因为法院成员没有法官助理或法律助理，只有秘书助理。另外一部分工作是语言方面的工作：法院使用法文和英文，对翻译质量要求极高。

书记官长的级别相当于联合国助理秘书长。书记官长和副书记官长由法院选举产生，任期七年，可连选连任。书记官长必须住在海牙，领导书记官处的工作，并负责书记官处各部门的工作。书记官长是法院来往公文的渠道，协助保持法院与各国、各国际组织和联合国的联系。他保存法院案件的最新总表，出席法院会议，确保做成会议记录，会签法院各项判决，并保管法院的印信。书记官长负责法院的档案和出版物，编制法院预算，并处理有关法院及其工作的询问。

书记官处的主要实体单位包括：法律事务部、语文事务部、新闻部、行政和人事处、财务处、出版处、文件处和法院图书馆、信息通信技术处、档案索引和编制分发处、文本处理复制处、安保处等。[①]

书记官处的工作人员包括法律干事、笔译员和口译员、档案保管员、印务员、图书管理员，以及新闻干事、簿记员、计算机专家、行政助理、打字员、送信员、电话接线员和警卫。书记官处的所有官员，无论持长期还是定期合同，都必须遵守基本内容与《联合国工作人员条例和工作人员细则》相同的《工作人员条例》。他们的就业条件、薪酬和养恤金权利与联合国同等职类职等的官员相同，他们与驻海牙外交使团的可比级别成员享有同样的特权和豁免。

四 作用和判例

1. 对诉讼案件的管辖

诉讼程序是国际法院对各国向其提交的法律争端进行审理。按照《规

[①] 参考资料：国际法院的报告（2012年8月1日至2013年7月31日），联合国大会第68届会议正式记录补编第4号，联合国，纽约，2013。

约》第34条的规定，诉讼当事方限于国家，只有国家有权向国际法院提交案件，因此国际法院不能受理一个国家与一个国际组织或两个国际组织间的争端。

按照当事方同意原则，有关国家必须以某种方式同意成为提交法院诉讼的当事方，国际法院才能处理有关案件。由于各国拥有主权，可以自由地选择解决其争端的方式，这是解决国际争端的一种基本原则。各国表明同意的方式有三种：特别协定、条约中的条款、单方面声明。

一个承认国际法院管辖权的国家在被另一国家传唤出庭时，可以对管辖权提出质疑。因为一个国家可能认定与另一国不存在争端，或者争端不适用法律解决，或者国际法院的管辖权不包括此项争端。诉讼的发起有两种方式：一种是发出关于特别协定的通知，即希望将争端提交国际法院的国家缔结双边协定，提出双方同意提交国际法院审理；另一种是提交请求书，即一个国家单方面根据一个条约的管辖权条款或根据任择条款的声明对另一国家提出的请求。

2. 对咨询事项的管辖

某些国际组织可以请国际法院就法律问题发表咨询意见，如其他5个联合国主要机构和16个联合国系统专门机构。一个国家不能要求国际法院发表咨询意见，只有国际组织才能提出这一请求，但有时这种要求是由该组织的一个成员国或一些成员国首先提出的。国际法院收到发表咨询意见的请求后，会拟定一个名单，列出可能提供有关资料的国家和组织。与诉讼程序中的当事方不同，这些国家不会由于参与咨询程序而使国际法院的咨询意见对其产生约束力。

由于国际法院咨询功能所具有的独特性质和目的，咨询程序有一些特殊之处，但也遵循适用于诉讼程序的规则。一般来说，咨询程序的处理比国家间司法案件来得要快。

如果发表咨询意见不符合国际法院的司法性质或违背指导其作为法院开展活动的基本原则，或者提出的请求超过了提出机关的权限，那么国际法院也可以拒绝发表咨询意见。历史上，国际法院只有一次拒绝发表咨询意见，而发出的咨询意见中约60%是应联合国大会的请求做出的。

与判决不同，国际法院的咨询意见没有约束力，提出请求的联合国机关或专门机构可以决定是否执行咨询意见。但是，咨询意见以及其中包含的裁决都具有国际法院的权威，国际组织和各个国家在实践中都会考虑国际法院的咨询意见，具有非成文国际法的特点。

联合国大会或安全理事会可就任何法律问题咨询法院意见，经大会授权的联合国其他机关和专门机构也可就其活动范围内出现的法律问题咨询法院意见。

3. 裁决案例

自1946年成立以来，国际法院已经审理了120多个案件，其中80%是国家之间的诉讼案件，20%是联合国机关或专门机构要求发表咨询意见的案件。

诉讼案件半数以上涉及领土和边界纠纷。相当多的案件涉及海事争端和有关海洋法的问题，还有不少案件涉及国家管辖权以及外交和领事法律问题，还包括关于非法使用武力的指控。长久以来，各国都在谋求维持或加强其政治、经济力量，为争夺土地、能源、领海和城市控制权而发生争端，这就是国际法院的审议常常涉及领土和海洋问题的原因所在。20世纪的非殖民化浪潮使得国际法院收到为数众多的案件，因为新独立国家对边界问题十分敏感。1985年以来，提交国际法院的案件数量进一步增加，每年都有十几个案件被列入审理日程。从历史经验来看，国际局势高度紧张时，国家并不倾向于通过法律途径解决问题。在缓和时期，诉诸法律的做法更为常见。

以下是国际法院比较成功的几个判例。

（1）1992年，国际法院判定，1954年以来一直处于泰国控制下的柬埔寨人进香和朝拜的场所——隆端古寺——确实位于柬埔寨境内，因此泰国必须撤出其警察和军队，归还从古寺遗址拿走的任何物件。泰国表示服从判决。

（2）1986年，在布基纳法索和索马里边界争端案中，双方完全接受了国际法院划定的分界线。

（3）1992年，国际法院的判决结束了萨尔瓦多和洪都拉斯之间长达

90年之久的陆地、岛屿和海洋边界争端。

（4）1994年，国际法院成功解决了利比亚和乍得关于所谓奥祖地带的领土争端，判定乍得胜诉。在联合国安理会观察员监督下，利比亚撤出了该区域的占领军。

（5）1999年，国际法院判定，位于博茨瓦纳和纳米比亚之间的乔贝河中一个面积3.5平方公里的岛屿属于博茨瓦纳，纳米比亚宣布服从判决。

国际法院的判例加强了国际法在国际关系中的作用，促进了国际法的发展。国际法院不能像立法机关那样制定新法律，但是能够根据新情况澄清、完善和解释国际法规则。国际法院还可以提请注意国际法中的缺陷，并指出新的趋势。

由于国际法院的判例对争端的当事方具有法律效力，且由于这些判决是对国际法的权威解释，各国和各国际组织必须加以考虑。因此，这些判例会成为国际行为的准则。被授权起草国际法新条约时，有关组织，如联合国国际法委员会，常常援引国际法院的判例作为依据。

一个典型的例子是海洋法，国际法院的判决明显影响了联合国为统一编纂海洋法而举行的会议。1958年《领海及毗连区公约》和1982年《联合国海洋法公约》的起草者都借鉴了国际法院的判例，吸收了其中有关无害通过和沿海国义务的规则。国际法院还促进了大陆架概念的形成。通过一系列具体案件的裁决，国际法院对划定大陆架界限的方法做了规定，如1969年的北海大陆架案、1982年和1985年的大陆架案、1984年的缅因湾区域海洋边界划界案、1993年的格陵兰岛和扬马延岛间区域海洋划界案等。

五　未来展望

尽管自1946年以来，联合国会员国的数目是原来的三倍多，但是组成国际法院的法官数目仍然没有变化。有人认为，15名法官不再能充分代表国际社会，所以他们建议将法官的数目增加到20名或以上。除了法官数目问题之外，提出法院成员候选人的程序和选举过程也成为改革建议的主题。特别是建议法官只能服务一任，但将任期延长，如15年一任。

根据 1945 年的《规约》，只有国家才可以在诉讼程序中向国际法院提交争端，只有联合国机关和专门机构才可以请求国际法院发表咨询意见。由于国际关系中国家已不再是唯一主角，有些人提出扩大向法院申诉的权利，可以将提起诉讼程序的权利给予国家以外的当事方，即国际政府间组织，甚至给予非政府组织、公司或个人以申诉权（尽管这并非易事）。同样，咨询程序也可以向国家开放，正如国际联盟主持下的常设国际法院当时的做法。

联合国秘书长提议授权其办公厅请求国际法院发表咨询意见（秘书处是迄今为止联合国主要机关中唯一没有获得授权请求法院发表咨询意见的机关）。他还建议给予在联合国框架外建立的国际组织（如美洲国家组织或非洲统一组织等区域机构）和世界贸易组织等各种政府间专门组织请求法院发表咨询意见的权利。

这类创新需要修改《规约》。由于《规约》是《联合国宪章》的有机组成部分，这就等于要修改《联合国宪章》。任何修改都须经大会 2/3 的成员通过以及 2/3 联合国会员国批准。此外，批准的国家中必须包括安理会五个常任理事国。

国际法院是各国构想出来的，正是这些国家在 1945 年建立了国际法院，而且这些国家有权批准修改《规约》，也正是各国通过承认国际法院的强制管辖权提高了国际法院的权威并促进了法院的活动。实际上，国际法院的未来取决于各国求助于法院的程度。

禁止化学武器组织

孟文婷*

> 禁止化学武器组织成员国现有190个，覆盖了全世界98%的人口和土地，也代表着全世界98%的化学工业；迄今为止，禁化武组织解除了全世界80%的化学武器，销毁了全球90%的化武生产量。
> ——禁止化学武器组织总干事艾哈迈迪·尤祖姆居在诺贝尔和平奖颁奖典礼上的讲话[①]

一 概况

禁止化学武器组织（Organisation for the Prohibition of Chemical Weapons, OPCW）是监督并确保1997年生效的《禁止化学武器公约》（下称《公约》）有效实施执行的机构，成立于1997年5月23日，总部设在荷兰海牙。

禁止化学武器组织（下称禁化武组织）致力于彻底消除世界上的化学武器，主要任务是对所有现存化学武器的销毁进行核查，并采取措施确保其不再继续制造化学武器。禁化武组织向受到化学武器攻击或威胁的缔约国提供援助和保护，也积极促进在和平发展化学方面的国际合作。

至2012年12月，禁化武组织进行了4700余次视察，召开了17届缔约国大会和70届执行理事会，审议化武销毁、促进国家履约措施、防护与援助、国际合作、《公约》普遍性及其他履约相关问题。

---

* 孟文婷，华东师范大学国际关系与地区发展研究院研究生。本部分由其翻译整理。

① 参见2013年诺贝尔和平奖获奖感言，http://www.nobelprize.org/nobel_prizes/peace/laureates/2013/presentation-speech.html。

现在，禁化武组织共有成员国 190 个。现任总干事是来自土耳其的艾哈迈迪·尤祖姆居（Ahmet Üzümücü）。2013 年 10 月 11 日，禁化武组织获颁诺贝尔和平奖，表彰其"对消除化学武器的多方努力"。[①]

二　组织架构

1. 机构设置

主要机构包括缔约国大会、执行理事会与技术秘书处。

（1）缔约国大会

缔约国大会是由禁化武组织所有成员组成的全体性机构，每年召开一次例会。它是该组织的主要机构，拥有监督《公约》执行及为促进《公约》宗旨和目标而采取行动的所有权力。为此，大会可对《公约》范围内的所有问题、事项或议题做出建议和决定。大会监督执行理事会和技术秘书处的活动，并可根据《公约》的规定就职能的行使向两者发布准则。《公约》第八条第 21 款列出了大会应开展的具体活动，其中包括：采取必要措施确保遵约；对方案和预算及缔约国应缴费用的比额表做出决定；核准禁化武组织年度报告；选举执行理事会成员；任命总干事；促进和平目的化学领域的国际合作；审议科学技术发展对《公约》的可能影响。

（2）执行理事会

执行理事会由 41 个成员组成，均由大会选举产生，每届任期两年。《公约》要求其席位的分配方式应适当考虑公平地域分配、化学工业的重要性及政治和安全利益。

执行理事会是禁化武组织的执行机构，向大会负责。它行使《公约》赋予的权力和职能以及大会授予的职能，其中最为重要的职能是：在出现缔约国不遵约的情况下，采取包括建议大会采取行动在内的一系列措施；审议本组织的方案和预算草案、本组织关于公约执行状况的报告草案及关于执行理事活动开展情况的报告，并将其提交大会；就总干事的任命向大

---

① 参见 2013 年诺贝尔和平奖报道，http://www.nobelprize.org/nobel_prizes/peace/laureates/2013/press.pdf。

会提供推荐人选。

（3）技术秘书处

技术秘书处负责协助大会和执行理事会行使其职能，包括执行《公约》的核查条款。技术秘书处由总干事领导，下设会务司、核查司、视察局、国际合作与援助司、对外关系司、法律事务办公室、行政司、战略和政策办公室、内部监察办公室等。此外，还有科学咨询委员会、保密委员会等附属机构。

除国际组织秘书处的一般职责（例如编制方案和预算报告、向其他机构提供行政和技术支持、充当交流沟通渠道）外，技术秘书处还因《公约》的特殊性而被赋予特别职责，其中最重要的是负责执行《公约》规定的核查措施。此外，它授权与各缔约国谈判关于核查活动的协定并交执行理事会核准，协调建立和维护缔约国提供的紧急援助和人道援助的永久性储备，并承担向缔约国进一步提供援助的义务。

2. 负责人

禁化武组织的负责人也叫总干事，是由大会根据执行理事会的推荐任命，每届任期四年，可连任一届，但其后不得再续。现任总干事艾哈迈迪·尤祖姆居是土耳其人，2010年7月就任，任期至2014年7月。

总干事就技术秘书处的工作人员任命以及组织和运转对大会和执行理事会负责。总干事（如同其他工作人员）在执行其职务时，不得寻求或接受任何政府或除本组织以外的任何其他方面的指示。他们应避免可能影响其作为仅对大会和执行理事会负责的国际官员身份的任何行为。

总干事是技术秘书处与大会和执行理事会间的正式联络人。他依职权出席大会和执行理事会的常会和会议，并经会议主席同意，做书面报告或口头发言。总干事也负责监督技术秘书处向大会和执行理事会提供行政和技术支持。在此过程中，总干事准备大会和执行理事会每届常会的临时议程，并确保提请大会或执行理事会注意的每一个事项都已纳入议程并附有相应的文件。

总干事对于《公约》核查制度的实施负有特别责任。他负责就核查活动和《公约》的总体实施状况向执行理事会和大会做定期报告。总干事是所有视察任务授权书的发文者,并在质疑视察和指称使用调查中负有具体责任。

三　主要工作

1. 化学非军事化

禁化武组织的重要工作之一,就是在《公约》规定的核查措施监督下,清除化学武器存量和化学武器生产设施。

禁化武组织对销毁过程进行核查,以确定销毁过程的不可逆转。与此同时,要求缔约国在销毁化学武器的时候,必须优先重视人民的安全以及环境保护。截至 2013 年 12 月 31 日,在全世界宣布的 72531 公吨库存化武战剂中,58528 公吨(也就是 80.69%)已经销毁并得到核实;在受《公约》查禁的 867 万件化武弹药和容器中,497 万件(也就是 57.32%)已经销毁并得到核实。

从《公约》生效(1997 年 4 月)至目前(2013 年 12 月),禁化武组织在 86 个缔约国领土上进行了 5365 次视察,其中包括 2766 次化学武器方面的现场视察。在宣布的总共 265 处与化学武器有关的地点中,265 处已接受过视察;宣布了的化学武器已百分之百地做了清点和核实;收到了 180 项初始宣布;宣布了的化学武器生产设施已百分之百地停止活动,全部被置于空前严格的核查制度之下;在 96 处向本组织宣布了的化学武器生产设施中,65 处已经销毁(43 处)或改装用于和平目的(22 处)。

禁化武组织建立的分析数据库在国际上是独一无二的,经过了同行鉴定和认证,其中有 3400 多种与化学武器相关的化合物的资料。这个数据库对禁化武组织视察组开展现场核查活动至关重要,并可向缔约国提供。开展正式效能水平测试,是为了挑选、认证和训练缔约国的实验室进行与化学武器有关的化合物的分析,以备现场外真实样品分析之需。目前已有 20 所实验室获得了指定。

2. 工业核查和不扩散

全世界的化学工业生产着人们日常生活依赖的各种化合物。有些十分常见的化学品如果用途不当,可以直接用作化学武器,或通过与其他物质的进一步合成变成化学武器。在世界各地化工界的支持下,禁化武组织与各国政府一起努力防止化学武器的扩散。

从 1997 年 4 月到 2013 年 12 月 31 日,禁化武组织在 86 个缔约国领土上进行了 5365 次视察,其中包括 2599 次工业设施现场视察。在宣布的总共 5357 处工业设施中,1940 处已接受过视察。

3. 援助与防护

化学武器是令人恐惧和憎恶的武器,会大规模地造成难以忍受的长期痛苦。一些缔约国具有保护本国人民免受化学武器伤害的能力,而其他一些缔约国则缺乏这样的能力。所有成员国都承诺在所有成员国受到使用化学武器的威胁或实际受到化学武器袭击时,提供防化援助。

出现此种需求时可动用自愿援助基金的资源、各国分别承诺的设备和受过训练的人员,迅速派团提供援助和专门技能。针对如何提高成员国的能力以应对化学武器的使用并保护人民大众,防化方面的专家组定期提供咨询。当成员国提出援助请求,技术秘书处负责有效地协调各成员国提供的援助和防化措施。

针对化学武器的使用或威胁使用,禁化武组织技术秘书处为应急人员、政府专家和紧急反应部门举办培训课程,以建设并发展各国和区域紧急反应系统的能力。目前(2013 年 12 月)已有 2200 人参加培训并受益,他们分别来自亚洲(600)、非洲(350)、拉美(500)和东欧(750)。现在有 78 个缔约国根据第十条第 7 款做了援助承诺,146 个缔约国提交了第十条第 4 款所要求的防护性目的国家方案的资料,45 个缔约国对自愿援助基金做了捐款,自愿援助基金余额达 136 万欧元。

4. 利用化学领域的国际合作

《公约》致力于禁止化学武器的同时,还规定缔约国间争取和平利用化学进行国际合作。禁化武组织在许多领域推动国际合作:从赞助化学研究到保障司法协助,从发展和提高实验室的能力到《公约》实施和化学品安全管理领域的专业性实习和培训。

技术秘书处支持缔约国间为促进和平利用化学而进行的科技信息的交流。发展中国家所进行的多种科研项目也得到禁化武组织的部分资助。禁化武组织研修方案和实习支助方案为来自发展中国家或经济转型期国家成员国的化学家和工程师提供现代化工业惯例和技能培养方面的专门培训。工业实习和项目实践使他们深入地了解到在化学品安全管理和《公约》实施领域里的最佳惯例方法。

自《公约》生效至 2013 年 12 月 31 日，共有 4364 方受益于各个国际合作项目，其中包括 532 名分析化学师、329 名研修方案学员、641 次会议、2058 名得到会议赞助的与会者、134 名实习生、92 所实验室、503 个研究项目及 75 项性能尚好的旧设备转让。其中各区域的受益数是：亚洲（1358）、非洲（1397）、拉美和加勒比（694）、东欧（554）、西欧及其他（361）。

5. 促进普遍入约

自 1997 年生效以来，在短短 11 年时间里，《公约》已经吸引了 190 个缔约国。另有 2 个国家已签署《公约》，即已经表示出政治上对《公约》目标和宗旨的支持以及对不减损《公约》目标的承诺。现在全世界仅有 4 个国家（非签署国）仍未采取任何有关《公约》的行动。对这些依然游离于《公约》管辖制度之外的国家来说，入约是头等重要的当务之急，这样才能保证实现对全球化学武器的查禁，受益于作为禁化武组织成员国所能获得的安全和经济优势。

禁化武组织成员国在人口和土地面积上已经达到全世界的约 98%，在世界范围化学工业上也占 98%。禁化武组织向《公约》所有非缔约国提供协助，帮助它们为加入《公约》并为有效地执行对化学武器的全球禁令做好准备。禁化武组织是有史以来成长最为迅速的国际裁军组织。所有国家都加入《公约》，从而消除世界上化学武器对国际安全构成的威胁，这也是联合国的呼吁。

6. 敦促《公约》在各缔约国的充分有效实施

为确保《公约》的有效实施，成员国有义务指定或设立一个"国家主管部门"。这个机构负责接待禁化武组织对有关工业厂区或军事现场的视察，提交初始宣布和年度宣布，对那些受到化学袭击威胁或遭受化学袭击的成员国提供援助和防护，并促进化学的和平利用。除此以外，国家主管部门还是本国与其他缔约国和禁化武组织技术秘书处开展活动的联络单位。

技术秘书处为成员国在国内履行《公约》提供支持。支持的重点是向国家主管部门工作人员提供咨询和协助，帮助他们提高技能和专门知识水平，使国家履约工作能够有效、自主地展开。技术秘书处为世界各国的国家主管部门协调和主办会议。在《公约》实施方面还有只读光盘、激光视盘及网站资料文集等可供采用。

每个成员国都必须在国家一级实施《禁止化学武器公约》的条款。这包括制定针对一切查禁活动的刑事立法。每个成员国都有义务向其他成员国提供充分的合作，以加快起诉过程。由法律专家组成区域网络，在制定国家立法中提供协助，查禁化学品作为武器的用途并使之成为犯罪行为。

四　同中国的关系

1993 年 1 月 13 日，中国签署《公约》。1996 年 12 月 30 日，全国人大常委会正式批准《公约》。1997 年 4 月 25 日，中国交存了批准书，成为《公约》的原始缔约国。中国自 1997 年 5 月当选为执行理事会成员以来，一直连选连任。中国在海牙设有常驻禁化武组织代表团，代表由中国驻荷兰大使兼任。历任总干事均访问过中国。2010 年 11 月，禁化武组织新任总干事尤祖姆居访问中国。截至 2012 年 12 月，中国已顺利接待禁化武组织 300 余次视察。

联合国大学

孟文婷[*]

> 联合国大学是一个特别的研究机构,不仅仅因为它作为一个研究培训机构和联合国智库的双重身份,还由于它对问题解决路径的深度关注,而非纯学术理论上的探讨。
>
> ——联合国大学现任校长康拉德·奥斯瓦尔德教授

一 概况

联合国大学(United Nations University,UNU)是联合国系统内一个独立的学术机构,致力于研究国际领域问题、能力建设与培训、知识传播及研究生的培养工作。联合国大学总部设在日本东京,是由15个研究机构和计划以及分布在世界各地的科学家和学术机构组成的大学网络。[①]

联合国大学根据1973年的联合国全体大会上通过的《联合国大学章程》,作为联合国的自治机构,于1975年开始运作;2009年,第64次联合国全体大会通过对《联合国大学宪章》的修正案,自此联合国大学可以授予硕士学位和博士学位。

现在,全球范围的联合国大学系统在6个联合国大学中心的协调管理下,拥有13个研究机构,2个计划,以及20个大学的联合机构,分布在全世界13个国家。

---

[*] 孟文婷,华东师范大学国际关系与地区发展研究院研究生。本部分由其翻译整理。
[①] 联合国大学新浪官方微博,http://weibo.com/ununiversity。

二 历史

1969年，当时的联合国秘书长吴丹在联合国全体大会上做年度报告，其中提议要建立一所"真正国际性的、致力于实现联合国宪章规定的和平与进步目标的"联合国大学，这一提议得到了以第三世界国家为中心的广泛支持。

随后，大会指示要进行可行性研究，协同联合国教科文组织组建了专家组，就成立这一研究机构的可能性进行探究。1972年9月，专家组向联合国经济及社会理事会提交一份报告；同年12月，联合国全体大会批准了建立联合国大学的决定，自此世界上第一个国际性大学正式成立。随后，筹建委员会起草大学宪章和决议，于1973年12月经联合国全体大会通过。

联合国大学的校部设在东京也有其特殊原因。当时联合国考虑到日本对联合国诸项目标的一贯支持，而且乐于为联合国大学出资（大学建立之初，日本政府为建立大学的基金捐款1亿美元），这才使得联合国大学于1975年9月在东京正式开始研究工作。1992年，联合国大学搬到东京市中心，作为永久性校址。

为了学校筹建工作的顺利进行，早在1974年就成立了第一届联合国大学理事会，并任命詹姆斯·赫斯特（James M. Hester）博士为第一任校长。直到1975年1月20日学校在东京的总部建成后，学校才举行了正式的就职典礼。当时，联合国大学确立了首要研究的问题——全球性饥饿、自然资源、人类和社会发展。经过三十多年的不断发展，现在联合国大学形成了以下五个首要研究的主题领域：

- 和平、安全与人权；
- 开发治理；
- 人口与健康；
- 全球变化与可持续发展；
- 科学、技术与社会。

自1975年正式开展学术活动以来，联合国大学作为一个国际性学校，与全球诸多学术机构广泛建立合作关系。1985年3月，在苏查特莫科

(Soedjatmoko)博士的校长任期里,第一个联合国大学研究与培训机构(UNU-WIDER)在芬兰的赫尔辛基正式落成。现在联合国大学有15个研究机构和计划,以及20个大学的联合机构,分布在世界13个国家。

自2007年上任至今,校长康拉德·奥斯瓦尔德(Konrad Osterwalder)教授一直努力为学校争取授予硕士和博士学位的权力。2010年9月,UNU-ISP开设了第一个学位项目,学校于2012年6月首次为学生授予硕士学位。除此之外,奥斯瓦尔德教授倡议建立"姐妹机构"(Twin Institutes)项目,在该项目指导下每个大学的研究机构都有两处:一处建立在发展中国家,一处建立在发达国家。

奥斯瓦尔德校长在2012年年度报告中这样评价"姐妹机构"项目:"对于联合国大学来说,帮助发展中国家进行国家能力建设是其任务中很重要的一方面。可是,由于财政预算上的限制,如果让我们动员大量且长期的支持,在发展中国家建立独立的研究机构是比较困难的。所以我们可以预见到,'姐妹机构'项目既能冲破财政的限制,又能切实帮助发展中国家建设联合国大学研究机构,这是极具战略性的计划。"[①]

联合国大学将一如既往地拓宽其在全球的研究机构网络,建立更多的研究生项目,培养学生真正的国际视野和应对当前国际社会的问题的能力。

三 使命、视野和主要活动

1. 使命

联合国大学的使命是:通过合作研究与教学以及提供宣传与咨询服务,致力于应对亟待解决的全球性问题,它们是联合国及其成员国一直关注的人类生存、发展、福祉问题。联合国大学工作的首要主题是"可持续性",即在我们解决当前问题遵循这样的原则——在满足我们这一代人需求的同时,也不危害我们子孙后代满足其需求的能力。

联合国大学既是联合国的一个分支机构,又是一个高水平的研究与教

---

① 参见联合国大学2012年年度报告,http://unu.edu/publications/annual-reports。

学机构。这样的双重身份，使得联合国大学可以直接向联合国工作建言献策，并进一步敦促这些原则、政策、策略、项目尽快付诸行动。联合国大学的学术独立性来自于《联合国大学宪章》，这保证了联合国大学研究成果的客观性和公正性。在应对今后全球挑战的时候，联合国大学可以以不偏不倚的视角，提出令人耳目一新的建议。

为了完成使命，联合国大学将自我定位成一所为联合国系统和联合国成员国服务的智库，一座沟通联合国与国际学术圈的桥梁，一个提供给国内与国际对话的平台，尤其为提高发展中国家的研究和教学能力而努力不懈。

2. 视野

联合国大学，作为一个智库，致力于成为世界一流的国际研究、教学与能力开发机构，力求在和平、发展和可持续性领域中都具有全球领导地位。

具体说来，联合国大学侧重于：

- 越来越多针对发展中国家、转型国家问题的高级研究与教学的需求；
- 帮助上述国家加强其人民自力更生和社会发展的能力；
- 提供增进发达国家与发展中国家的合作与对话、不同文明和文化之间的交流的机会。

联合国大学在研究、教学、咨询、能力开发方面的标志性原则有：

- 坚持使用严谨的科学方法和工具；
- 着重提供高水平的服务和成果；
- 关注影响可持续性的议题；
- 保持学术活力和合作意识；
- 平等又开放地对待任何机会、工作及成果产出；
- 坚持性别平等原则，赋予女员工充分的权利；
- 在日常工作中要保持社会责任感和坚持环境可持续性原则。

介于联合国大学特殊的使命和身份，它与其他传统大学和研究机构有一些不同的特点，这些不同之处包括：

- 拥有纳入几十个国家的全球性研究框架；
- 紧密联系联合国、国内国际组织，并与发展中国家和发达国家的高校建立广泛合作；

- 相比于以学科分类的纯学术研究,更侧重解决问题的政策实用性研究;
- 坚持可持续性原则,为已研究和待研究的问题建立联系。

正是由于联合国大学的这些特殊性,它可以不断发掘自己作为一个联合国组织和高级研究与教学机构的相对优势。

3. 主要活动

联合国大学的首要目标是为全球可持续发展做出努力。为此,联合国大学采用系统指向的、跨学科的、问题解决的方法进行研究,整合自然科学中的定量分析与社会科学和人文科学中的定性思考。在上述目标和研究方法的指导下,联合国大学形成新的知识,加强个人和研究机构的能力,传播相关领域的信息。其主要有以下三种类型互补的活动:

(1) 调查研究

通过跨文化、跨学科视角的研究,使用新近的科学方法,研究重要的国际进程,并提出具有前瞻性的解决方案;致力于与发展相关的政策议题,通过比较评估出可行的政策。

(2) 教学与能力开发

研究生教育(学位项目和特别培训机会)侧重于理解问题和提出政策建议,而非纯学术上的理论探讨;能力开发活动是为了帮助发展中国家和转型国家应对当地挑战,让民众更好地生活。

(3) 成果共享

通过出版书籍和制作视听教材,推广联合国大学研究的成果,包括新近的科学知识和有指导意义的实践经验;举办公众活动,诸如国际会议、讨论会、座谈会、演讲,这些都能利用传播效应把联合国大学的个人发现进一步推广开来。

四 联合国大学系统[①]

现在,全球范围的联合国大学系统在 6 个联合国大学中心(UNU Cen-

---

① 资料来源于联合国 2012 年年度报告以及联合国大学主页,http：//unu. edu/about/unu - system。

ter）的协调管理下，包括有 13 个研究机构（UNU Institute）和 2 个计划（UNU Programme），以及 20 个大学的联合机构（UNU Associated Institutions），分布在全世界 13 个国家。校长（Rector）是大学学术和行政的首席负责人，联合国大学的理事会（Council of the UN University）作为董事会行事。

1. 联合国大学中心

联合国大学中心－日本东京，作为联合国大学的总体规划、设计及行政总部。东京总部包括校长办公室（含两个副校长），支持全球联合国大学系统工作的学术服务部门。该部门提供服务：行政与财政、校园计算机中心、图书馆、档案馆与注册、新闻与通讯、联合国大学学报。

联合国大学中心－马来西亚吉隆坡，作为总部附属的行政、人力资源和财务部门。

联合国大学欧洲教区－德国波恩，协助总部的校长办公室。该中心作为全球环境变化人文因素计划（International Human Dimensions Programme on Global Environmental Change，IHDP）和联合国水能力拓展十年计划（UN－Water Decade Programme on Capacity Development，UNW－DPC）的国际秘书处，致力于推进这两个计划的落实。

联合国大学开发办公室－美国纽约，代表大学的利益，协助大学联络联合国成员国、联合国系统、私营部门、个人及其他利益相关者，负责联合国大学在全球的开发战略和业务延伸。

联合国大学通讯办公室－美国纽约和日本东京，负责开发和协调联合国大学全球通讯战略，举办通讯活动，推广研究成果，制作联合国大学的推广材料（包括印刷品、网站和视频）。

联合国大学在联合国教科文组织办公室－法国巴黎，负责联络大学与联合国教科文组织，加强两个组织的合作，促使大学更多参与到联合国教科文组织的项目中，探寻更多互利互助的联合项目。

2. 学术部门

联合国大学的学术工作在全球系统中分为两个：研究与培训机构，研究与培训计划。

（1）研究与培训机构

联合国大学比较区域一体化研究院（UNU Institute on Comparative Regional Integration Studies，UNU–CRIS），位于比利时的布鲁塞尔。研究院致力于比较的、跨学科的视角研究地区内和地区间一体化问题；目标是为国家特别是发展中国家，提供在一体化、合作方面能力建设的政策建议。

联合国大学环境与人的安全研究院（UNU Institute for Environment and Human Security，UNU–EHS），位于德国波恩。该研究院试图探寻环境维度下人的安全问题的解决路径，主要研究方向有：第一，关于人类环境系统中的疾病感染可能性评估、康复分析、风险管理、适应性对策；第二，在环境因素驱使下的国内、国际的人口流动。

联合国大学材料物质流和资源的整合管理研究院（UNU Institute for Integrated Management of Material Fluxes and of Resources，UNU–FLORES），位于德国德累斯顿。自2012年10月成立至今，研究院致力于：从科学、教育、管理、技术等方面，推进对于水、油、消耗性资源的整合与可持续性的管理，尤其在发展中国家和新兴国家的推进。

联合国大学全球化、文化与交流研究院（UNU Institute on Globalization, Culture and Mobility，UNU–GCM），位于西班牙巴塞罗那。研究院自2012年开始运行，致力于从移民和媒体两个文化面向出发，促进全球化背景下的文明多样性、民主、人权。

联合国大学高等研究院（UNU Institute of Advanced Studies，UNU–IAS），位于日本横滨。面对环境可持续发展方面的挑战，该研究院为了政策制定探寻应对挑战的知识。该机构以跨学科的视角，从自然科学、社会科学的领域，分析某地方的环境问题，以求得到解决问题的路径。

联合国大学巴塞罗那研究院（UNU Institute in Barcelona），位于西班牙的巴塞罗那。2012年9月研究院成立，致力于在全球化语境下增进文化间交流与理解，保持文化多样性。

联合国大学全球健康国际研究院（UNU International Institute for Global Health，UNU–IIGH），位于马来西亚的吉隆坡。研究院致力于推进各国

（特别是发展中国家）健康服务政策制定和管理工作，协助落实人类健康的预防性工作。

联合国大学软件技术国际研究院（UNU International Institute for Software Technology，UNU – IIST），位于中国澳门。为了解决可持续发展这个全球性挑战，研究院负责进一步开发信息通信技术并投入使用，主要研究重点是在教育、健康、智力和贫困方面的信息通信技术。

联合国大学非洲自然资源研究院（UNU Institute for Natural Resources in Africa，UNU – INRA），位于加纳阿克拉。研究院致力于保证非洲自然资源的可持续发展，维护当地自然环境质量，缓和气候变化的影响，让大陆上的民众过上更好的生活。此外，该研究院还扶持非洲当地的大学和研究机构，帮助它们建设学校。

联合国大学水、环境与健康研究院（UNU Institute for Water, Environment and Health，UNU – INWEH），位于加拿大的汉密尔顿和安大略。研究院的目标有：第一，通过能力开发，帮助发展中国家实现联合国千年发展目标；第二，增进人们在相关领域的知识，通过互助来应对全球水资源危机；第三，通过应用性研究来探求更好的水资源管理和治理方法。

联合国大学可持续发展与和平研究院（UNU Institute for Sustainability and Peace，UNU – ISP），位于日本东京。通过创新性的、跨主题的研究方法，研究院形成了针对可持续发展的科学的知识体系，并培养解决联合国议程中紧急问题（诸如全球变化、和平与人权、发展）的能力。

联合国大学马斯特里赫特创新与技术经济社会研究院（UNU Maastricht Economic and Social Research Institute on Innovation and Technology，UNU – MERIT），位于荷兰马斯特里赫特。研究院试图分析驱动技术革新的社会、政治、经济因素，特别关注国际国内科学治理、科技与革新等。马斯特里赫特管理学研究院也并入联合国的研究院里。

联合国大学发展经济学国际研究院（UNU World Institute for Development Economics Research，UNU – WIDER），位于芬兰赫尔辛基。研究院通过跨学科的视角，研究影响世界贫困人群生活质量的结构变化，并做出政策分析；推广和支持公正、可持续的增长政策；在经济和社会政策制定方面，对当地官员和学者进行培训，提高其治理能力。

(2) 计划

联合国大学拉美及加勒比海地区生物技术计划（UNU Programme for Biotechnology in Latin America and the Caribbean，UNU – BIOLAC），协调处位于委内瑞拉的加拉加斯。该计划通过在拉美及加勒比海地区国家发展和使用生物技术，增进当地的可持续发展。

联合国大学冰岛计划（UNU Iceland – based Programme），协调处位于冰岛的雷克雅未克。该计划包括三个独立的能力建设计划，都是由冰岛国家资助、由当地政府部门或者当地高校牵头负责。这三个计划是：国家能源部负责的联合国大学地热培训计划（UNU Geothermal Training Programme，UNU – GTP），海事研究所负责的联合国大学渔业培训计划（UNU Fisheries Training Programme，UNU – FTP），冰岛农业大学和土地保护部负责的联合国大学土地维护培训计划（UNU Land Restoration Training Programme，UNU – LRT）。

3. 联合国大学理事会

联合国大学理事会是大学的管理董事会，负责制定大学活动和工作的准则与政策，审批工作项目和财政预算。理事会包括：24 个理事会成员（每六年一个任期），联合国大学校长和 3 个当然成员（联合国秘书长、联合国教科文组织总干事、联合国训练研究所执行主任）。

4. 联合国大学联合机构

联合国大学委任其联合机构协助大学完成一些活动，联合机构通常是为了与大学共同合作完成大型、长期的计划。现在，联合国大学理事会委任了 20 个机构作为联合国大学的联合机构。

五　学在这里

大学会集起大量发达国家和发展中国家的学者和研究员，为不同背景的、不同国家的学生提供一手研究经验。学生可以研究与联合国及其特别机构紧密相关的议题，也可以研究大量的跨政府进程方面的问题。联合国大学的专家教师来自15个联合国大学研究院，分布在13个国家，大学能够为学生提供真正的全球视野、全球框架。现在，联合国大学提供越来越多的硕士、博士学位项目以及短期项目，让未来领导人更多地积累应对国际问题的必要知识。

联合国大学开设的学习项目有三种：学位项目、非学位课程、附属项目。

(1) 学位项目

联合国大学提供了独一无二的教育机会，大学与世界其他高校的学术系统不太一样，联合国大学是由联合国大会授权为毕业学生颁发学位。学位项目对应届本科毕业生和毕业后工作一段时间的人开放，申请需要提交的材料和要求基本与申请海外大学情况相似。硕士学位项目基本为期2年，学费大约每年10000美元；博士学位项目一般为期3年，学费也是每年10000美元。根据学生情况，大学给予一定的奖学金资助。

联合国大学学位项目学生规模不是很大，根据联合国大学2012年年度报告显示：2012年在读的研究生有54人，49人是硕士研究生，5人是博士研究生。

(2) 非学位课程

联合国大学提供多种多样的非学位课程，从渔业和地热勘探的培训项目，到气候变化与人类安全的通识课程。非学位课程由全球联合国大学系统中的各研究机构和项目提供，受到学生广泛关注。

课程以解决问题为侧重，为学生提供必要的技术和知识，引导学生理解并尝试解决现在世界亟待解决的一些问题。课程持续时间从二十几天到几个月不等，课程安排比较宽松，如每周1~2次。报名参加课程需要交纳一部分费用，如期完成课程会由联合国大学颁发结业证书。

(3) 联合项目

由于联合国大学与全球一些高校合作联合教学，如加拿大的麦克马斯特大学以及冰岛大学等。合作单位大学的学生可以申请联合国大学的联合项目，如果申请成功并顺利完成课程，可以得到合作大学的学位和联合国大学的结业证书。

会议综述
Conference Summary

"变革中的全球治理——中国与联合国"
国际会议综述

石晨霞*

由联合国训练研究所、中国联合国协会和复旦大学共同主办，中国浦东干部学院、中国和平发展基金会、中国外文局、北京大学、中国发展研究院和中国和文化研究院协办，上海联合国研究会和中导集团承办的"变革中的全球治理——中国与联合国"国际会议于2014年1月13~14日在上海举行。

联合国负责政治事务的副秘书长杰弗里·费尔特曼（Jeffrey Feltman），联合国秘书长2015年后发展议程特别顾问阿米娜·穆罕默德（Amina J. Mohammed），联合国秘书长执行变革特别顾问Kim Won-soo，助理秘书长、联合国开发计划署亚太局局长徐浩良，助理秘书长、联合国训练研究所执行所长莎莉·费根-怀尔斯（Sally Fegan-Wyles），奥地利驻华大使艾琳娜（Irene Giner-Reichl）以及包括联合国亚太经社理事会、联合国贸易与发展会议、联合国开发计划署、世界知识产权组织、联合国粮农组织、联合国大学、国际贸易中心和南方中心等联合国系统和国际组织的30多名官员和学者出席了会议。中共中央对外联络部、外交部、中国外文局、中国联合国协会、本市有关单位的领导，以及来自多所高校和研究机构的专家学者等60多位国内嘉宾参加会议。

会议开幕式由中国联合国协会副会长兼总干事张小安主持，中国联合国协会会长卢树民，助理秘书长、联合国训练研究所执行所长莎莉·费根-怀尔斯，外交部国际司副司长腊翊凡，上海市政协副主席周汉民分别

---

* 石晨霞，复旦大学联合国研究中心博士后。

致辞。随后，由莎莉·费根－怀尔斯主持，联合国负责政治事务副秘书长杰弗里·费尔特曼，助理秘书长、联合国开发计划署亚太局局长徐浩良，全国政协委员、中国外文局原副局长黄友义分别做了主旨演讲。

在会议的分议题讨论中，与会专家、学者分别就"全球治理面临的挑战""南北对话和南南合作""食品安全和清洁能源""2015年后发展议程""公私伙伴关系"等议题进行了广泛对话和深入研讨，特别是就中国和联合国如何在全球治理中相互合作发挥领导作用提出了许多建设性意见和建议。

领导致辞

助理秘书长、联合国训练研究所所长莎莉·费根－怀尔斯指出，联合国成员国正在考虑2015年后国际发展的议程，为了实现这样的议程，我们需要有新的全球合作伙伴关系，这样的合作伙伴关系使我们能够更好地落实有关议程，而且这样的议程应该是包容性的，不仅包括发达国家，还有发展中国家，我们应该在共同的利益、不同的需要，以及有区别的责任的框架下进行更好的合作。

中国联合国协会会长卢树民指出，目前的全球秩序实际上同时面临着很多重要的制约因素，包括如何来很好地管理全球转移，如何提供全球的公共产品，如何缩小在联合国的宗旨和实际行动之间的差距，同时如何管理好一些非国家行为体，特别是在原来以国家为中心的概念下如何来处理好这样的问题，当然也还有如何在联合国内部和在联合国之外进行很好的协调和配合的问题。因此，全球治理机构必须具有充分的包容性和有效性，这要求利益相关方能够参与进来，包括非国家行为体。全球治理结构必须体现出公正、民主，不管是在我们的议程设定还是在决策过程中都应该这样，让所有人的意见融入过程当中。

中国外交部国际司副司长腊翊凡对新形势下的全球治理提出了以下几点看法：第一，要塑造以联合国为核心的全球治理体系。联合国是全球治理的最佳平台。同时，联合国距国际社会期待还有差距，我们支持联合国与时俱进，增强应对新威胁、新挑战的能力，以更好地履行其职责。第二，要增强发展中国家的代表性和话语权。国际社会已经普遍认识到新兴市场国家和发展中国家崛起是历史的潮流，也认识到增加广大发展中国家在国际组织中的代表性和话语权势在必行，关键是如何将共识转化为行动。第三，2015年后发展议程应该被确立为全球治理的优先方向。发展是硬道理，是解决一切问题的关键，也是全球治理的首要。国际社会应该在全面评估国际发展合作现状的基础上制定2015年后发展议程，2015年后发展议程应该继续以发展为主题，以非洲国家为重点，以消除贫穷为核心，统筹考虑各国不同的国情与发展阶段，尊重各个国家自主选择的发展道路。应该加强全球发展伙伴关系，坚持共同但有区别责任的原则，坚持南北合作在国际发展合作中的主渠道地位，南南合作是有益的补充。第四，随着中国的不断发展，其将进一步积极参与国际事务，发挥负责任大国的作用，共同应对全球性的挑战。中国将更加坚定地支持联合国，真心实意地支持其在国际事务中发挥更大的作用。

上海市政协副主席周汉民认为，中国和联合国的合作源远流长，不仅在于中国是联合国创始国之一，不仅在于中国作为联合国安理会五大常任理事国之一，对世界的和平与发展肩负重要的责任，还在于全体中国人民始终认为和平与发展是世界的潮流，同样是中国人民实现民族伟大复兴的前提。2010年上海世博会充分体现了我们与联合国的合作。世界博览会来到中国是全世界发展中国家首次举办的一届世博会，也是首次以城市作为主题所举办的世博会，那届世博会的主题是"城市，让生活更美好"。我们在上海通过了《上海宣言》。《上海宣言》中有一段这么说的："为了纪念并弘扬全人类共同参与的2010年中国上海世博会，我们建议联合国将每年的上海世博会闭幕那一天10月31日命名为世界城市日，以此弘扬世博的精神，并推动世界和平与发展。"在2013年12月6日联合国大会第二委员会的会议中，193个成员共同同意，从2014年起将每年的10月31日定名为"世界城市日"。由此，由中国人提议的一个日子，首次成为联合国指定的一个国际日；由中国人主办的一次国际盛会，可以每年有这样的国际日来予以纪念并弘扬其精神。这其实就是中国对世界做出的一点贡献，我们期望能够对世界做出更大的贡献。

主旨演讲

联合国副秘书长杰弗里·费尔特曼在主旨发言中提出以下观点。首先，联合国将加强与中国的合作。中国在联合国机构内发挥着越来越重要的作用，双方在和平、稳定、促进繁荣等方面拥有共同的理念。其次，赋予联合国更多的资源。联合国以及秘书长本身并不拥有特定的资源，但联合国也需要组织更多的资源，带着整个国际社会的支持和资源来介入问题的解决，因此赋予其适当的资源是必要的。最后，联合国将加强与相关机构的合作。联合国在应对全球性问题上，只有和相关机构合作，才能更好地完成使命。

联合国助理秘书长、联合国开发计划署亚太局局长徐浩良在主旨发言中提出了几点非常有价值的建议。第一，随着中国的崛起，国际社会对中国的期待也发生了变化，期待中国发挥更加积极的作用。第二，在提升中国发展援助的有效性方面，中国应该逐步通过联合国发展系统这样的多边机制提升双边援助的有效性。此外，在发展援助方面，中国应该由几个核心机构负责运行，避免过多机构参与其中影响实效。同时还要区分发展援助和贸易投资援助的区别。第三，加强与联合国、联合国开发计划署的合作。中国应该把联合国发展系统作为一种重要资源，借助其专业的技能和丰富的经验去应对经济社会方面的发展问题。第四，中国急需建立一支熟悉多边合作、多边机制的专业人才队伍，加强与联合国在人才培训方面的合作，为中国政府培养新一代的青年才俊，以此提升中国的影响力和软实力。

全国政协委员、国家外文局原副局长黄友义围绕中国梦与全球治理发表了以下观点。第一，全球治理面临三大挑战：一是中国等新兴经济体崛起后，全球力量地缘分布的改变；二是全球性问题的增加；三是全球性公共产品需在合理与公平方面得到进一步提升。第二，联合国在全球治理中无可替代，但也无法单打独斗。联合国不能把人类带到天堂，但是可以避免人类走向地狱。第三，中国梦为全球治理增添正能量。中国梦倡导开放包容，推进全球治理价值的和而不同；中国梦倡导和平发展，有助于全球治理在安全稳定的环境中推进。走在圆梦道路上的中国，将以更加积极的姿态参与国际事务和全球治理，中国梦的实现与世界梦的实现共通共享，也将为全球治理发挥积极的、建设性的作用。

议题一　全球治理的挑战：改革联合国

会议第一议题围绕"全球治理的挑战：改革联合国"这一主题展开，与会专家认为：第一，进入21世纪以来，面对日新月异的新形势，联合国面临着新的挑战，其在结构和功能方面都显得相对滞后，因此推动联合国的改革是必然趋势。第二，集体行动是国际社会共同应对全球问题的现实选择。当前面临的气候变化、人权、可持续发展、安全、健康等问题，联合国都应该在国际谈判中继续发挥作用。第三，增强联合国的能力，服务全球事务。具体来看，首先，联合国要充分吸纳富国和富人的力量、资源，使其承担起帮助最底层的国家和人们的责任，不让任何一个国家和个人掉队；其次，联合国应该加强与区域组织、公民社会等非政府组织的合作；再次，联合国安理会的改革，从目前来看不可能一蹴而就，应该抱以现实的态度，立足于现有的机构和制度来进一步增强联合国大会、安全理事会的能力，包括维护和平与稳定、促进共同发展的能力等；最后，联合国秘书长应该拥有更大的权力，拥有更多的资源来应对国际的重大问题，化解国际上的冲突。

议题二　变化中的全球治理：中国与联合国的领导作用与相互合作

会议第二议题主要围绕"变化中的全球治理：中国与联合国的领导作用与相互合作"展开讨论。专家们认为：第一，全球治理的重要性越来越突出。近年来，随着全球形势的发展，加强全球治理变革的重要性进一步凸显，主要体现在三个方面：（1）新的议题不断出现；（2）传统治理机制不符合形势需要；（3）国际上一些新的平台正在日渐发挥积极作用，如G20、金砖国家峰会等，这些平台需要与联合国进行有机的结合。正是基于这些原因，我们需要积极地去推动全球治理的变革。第二，联合国在全球治理中的作用。与会专家认为，没有一个组织可以替代联合国的作用，联合国应该发挥主导作用，联合国也有能力和义务发挥主导作用。第三，中国在全球治理中的作用。与会代表对中国在国际事务中发挥的作用给予了高度评价，在未来的全球治理机制变革中，一些代表希望中国能够发挥更加积极和重要的作用，希望中国能够与联合国密切合作，为推动全球和平发展、公平发展、可持续发展贡献力量。第四，制约中国在全球治理中发挥作用的因素。与会代表提出了以下几个因素：（1）中国自身经济仍很落后，能力不足；（2）中国的人才缺乏，尤其是缺乏高端的技术人才，缺乏国际化的人才；（3）中国的政治体制与西方国家和其他发展中国家不同，这使得中国模式很难被复制，影响了中国与世界分享发展经验；（4）中国参与全球治理受到了来自既得利益集团的排斥，一些现有国际规则的制定者不愿意看到中国在全球治理中发挥主导作用；（5）国际社会对中国也有着过高的期望，这些期望甚至超过了中国自身的能力。

议题三　清洁能源与全球治理

会议第三议题的主题是"清洁能源与全球治理"，发言的学者就清洁能源的发展背景、现有清洁能源的生产与运用中遇到的问题，以及中国在该领域的进展情况等进行了介绍和分析。具体内容如下：第一，能源问题已经超越其本身，成为一个与可持续发展相关的问题。在过去的几十年中，国际社会在能源问题上建立了很多多边平台、机制，希望真正实现"人人享有可持续能源"的目标。第二，在全球范围内，不同国家在清洁能源的生产、利用方面存在着很严重的失衡现象。第三，在清洁能源的生产和利用中存在知识产权、技术转让、贸易制度等方面的问题，尤其是在技术转让方面，发达国家控制着大量新能源技术，而多数发展中国家却由于缺乏先进的技术，无法有效利用清洁能源。第四，中国在清洁能源的开发与利用方面取得了比较突出的成绩，形成了良好的政策框架，同时也拥有相应的技术和金融方面的能力来推动清洁能源的开发利用，因此中国有潜力成为清洁能源方面的领军者。

议题四　食品安全与全球治理

会议第四议题的主题是"食品安全与全球治理",参与该主题发言的几位专家认为:第一,食品安全与粮食安全紧密相关,目前,粮食安全也是人类面临的重要问题,如何以一种可持续的方式为不断增长的人口提供有效的粮食保障值得国际社会关注。第二,在应对全球粮食安全问题上,国际社会在消除饥饿人口方面设定了一些目标,但是就目前来看,目标并没有实现,现在的 2015 年后议程也在讨论该问题,建议联合国应该综合考察各种因素,设定一个有时间限制的、切实可行的、一致的消除饥饿人口的目标。第三,在应对粮食安全方面的措施。发达国家应该为发展中国家提供相关的援助;进一步降低粮食进出口关税,让更多的国家获得廉价的粮食;加强相关科研工作;联合国也应该制定相关的指南,加强各国在农业方面的合作,合理配置农业资源;WTO 等相关组织应该规范农业补贴。第四,中国在食品安全方面的情况。中国政府强调,在任何情况下必须自给自足,中国也会持续加强与联合国的关系,以及提升与其他一些重要的国际机构的关系,而且中国会不断向发展中国家提供支援,特别是非洲国家。当然,中国在食品安全方面也存在很多问题,还需要努力克服。

议题五　21 世纪变化中的南北对话

会议第五议题围绕"21 世纪变化中的南北对话"这一主题进行,主要观点如下:第一,在南北对话中,现有的对话机制应该继续保持,没必要另起炉灶,但是南北对话也需要有一些新的发展。第二,中国与南北对话。中国是和平的中坚力量,由于中国的存在,使得西方在处理苏丹和伊朗问题上也更具建设性,中国显然在全球地缘政治当中扮演着非常重要的角色。第三,南北关系中出现的新因素。随着全球化的发展,移民问题对于南北对话既有非常积极的影响,但也存在一些问题;另一个新因素是教育问题,教育可以在南北伙伴关系当中发挥重要的作用。第四,南北对话应该加强不同文化与文明间的交流。第五,南北对话的新平台。在南北沟通中，我们需要建设一些新的平台，一方面，无论是8国集团，还是20国集团，这些机制都需要加强；另一方面，我们也需要建设新的平台让发展中国家有更大的参与权，它们也能够更好地提出自己的议程、立场和观点，也能进行很好的协调。

议题六 21世纪变化中的南南合作

会议第六议题围绕"21世纪变化中的南南合作"展开讨论。在南南合作问题上，专家们认为：第一，南南合作的新发展。发展中国家在经济、贸易等领域获得了长足发展，但与此同时，南方国家之间的发展不平衡也在不断加剧，南方国家应该自己来寻求一些解决方案，建立合理的合作机制，使富的发展中国家能够和穷的发展中国家更好地协调起来，这样才有利于实现整个发展目标。第二，应该重新审视发展中国家间的关系，进一步提升南南合作。发展中国家内部也出现了分化，彼此的利益需求也千差万别，南南合作越来越困难。第三，南南合作与全球治理。南方国家必须通过合作来进行全球治理，发展中国家必须团结、合作和相互尊重，同时要提升国家能力，另外，南方国家应该摒弃富国与穷国的差异，合作建立一个发展中国家广泛的平台。第四，中国在南南合作中始终坚持平等互利、注重实效、长期合作、共同发展的原则。现实中，我们在南南合作中的合作内容不断丰富，合作规模不断扩大，合作形式多样。

议题七 塑造2015年后的发展议程

会议第七个议题是围绕"塑造2015年后的发展议程"这一热点问题而展开的，专家们建议在制定2015后议程中应注意以下几个问题：第一，2015年后的发展议程与联合国千年发展目标是联系在一起的，但是2015年后的发展议程更多地强调可持续发展这个问题。第二，在落实议程的过程中，应该与各国的国内议程相结合，这样才能有效推动它的落实。另外，在新的发展议程中，不仅应该包括经济、社会方面的问题，也应该包括环境方面的问题，这样才能构成一个综合性的发展议程。第三，中国政府在该问题上的立场非常明确,强调2015年后的发展议程应该立足于原来的千年发展目标,同时应该尊重国家主权,也尊重不同的发展模式。中国强调经济、社会和环境要统筹发展,强调共同但有区别的责任,在此基础上,中国作为发展中国家愿意承担应有的责任,并愿意做出贡献。第四,中国在2015年后发展议程中坚持议程的指导性和包容性、目标与执行手段挂钩、公平发展的环境,这是全球治理非常重要的原则。

议题八 公私伙伴关系：为建立普遍可持续的未来而开展全球合作

会议第八议题主要围绕"公私伙伴关系：为建立普遍可持续的未来而开展全球合作"这一主题进行了讨论。专家们认为：第一,联合国框架下的公私伙伴（PPP）模式是促进公私合作的重要途径之一。联合国的有关决议将公私伙伴关系定义为：在一些专门的项目中,政府组织和私营部门通过达成协议,共同享有收益和利益,同时也共同承担风险和责任。这种非公有部门一般是指企业,同时也包括企业协会、慈善组织、个人。第二,中国的公私合作伙伴关系。PPP在中国也开展得非常成功,中国的PPP项目主要集中在能源、电信、水利等领域,共获得世界银行超过一千亿美元的资金支持,中国政府也非常积极地制定了相关政策,鼓励公共部门能够和私营部门开展PPP合作,地方政府也出台了相应的细则和鼓励政策,这些都为整个PPP模式在中国落地开花创造了有利的环境。第三,关于加强PPP的几点建议。中国政府与联合国组织应该在企业中推广联合国契约。另外,中国应该将中国的商会、民营企业家协会、工商协会等加以有效组织,开展合作,共同探讨公私伙伴关系。第四,把企业的社会责任项目转型成为可持续的商业模式,这样就不只是企业责任而已,而且能够转化成商业上的动力。

最后,会议对八个议题的讨论进行了总结,分别由一名报告人对各自议题的主要观点进行了汇报。此后,会议举行闭幕式,由中国联合国协会会长卢树民主持,联合国训练研究所的莎莉-费根-怀尔斯女士致闭幕词，宣布会议结束。

此次会议围绕当前全球治理中的重大议题进行了深入的探讨，对联合国在推进发展治理方面取得的成就、面临的挑战以及未来议程的制定等方面都进行了讨论和分析，也提出了很多有价值的建议和意见。另外，此次会议也重点讨论了中国在全球治理，包括能源、环境、食品安全、发展议程、南南合作、南北对话、公私合作关系等多个领域的角色和作用，以及就未来急需改善和提升的方面提出了建设性建议，会议总体上实现了预期目标。

会议期间，联合国分管政治事务副秘书长杰弗里·费尔特曼专程赴京与外交部王毅进行了会晤。与会的中国和联合国的官员和学者开展了多种形式的对话与交流，达成了很多合作意向与交流项目。联合国开发计划署将在上海加大投入、深化合作，南方中心、联合国大学、哈马舍尔德基金会等机构表示将积极开展在上海的合作。联合国训研所与上海联合国研究会签署了战略合作备忘录，双方将在共同培训发展中国家的外交官和国际职员、网上课程学习、选派优秀学生赴联合国机构实习、年度会议、联合出版等方面开展实质性合作。

第13届东亚联合国研究研讨会综述

中国联合国协会

2013年11月15~16日,第13届东亚联合国研究研讨会在韩国昌宁举行。会议由韩国联合国体制学会主办,中国联合国研究联席会议主席陈健、日本联合国学会特别顾问内田猛男、韩国联合国体制学会会长朴兴纯分别在开幕式、闭幕式上致辞。来自中国联合国研究联席会议、日本联合国研究会和韩国联合国体制学会共计40余名代表与会。会议主题为"全球安全新挑战与东亚在联合国的领导作用",重点讨论了核不扩散与核安全、人权与人的安全、气候变化与环境安全、网络恐怖主义与网络安全以及联合国的职责和东亚的领导作用等议题。

一 核不扩散与核安全

会议认为,推动核不扩散、加强核安全已成为国际社会共识,但国际核不扩散形势依然严峻,朝核、伊(朗)核等热点问题仍悬而未决。中方专家认为,国际社会应加强合作,通过谈判和对话妥善解决分歧,平衡国家利益和安全与和平利用核能的关系,倡导树立互相尊重和互信的新安全观。三国应加强协调与合作,为实现重启六方会谈,实现半岛无核化共同努力。日方专家提出,可考虑建立包括日本、韩国和朝鲜的东北亚无核区,由中、美、俄三国提供安全保障。韩方专家表示,三国应加强地区核安全合作,推动半岛信任进程,并加强与东盟的安全对话。在核能安全方面,中方专家指出,福岛核事故为和平利用核能又一次敲响了警钟,三国应在2011年第四次三国领导人会议发表的核安全合作文件基础上进一步加强合作,为提高本地区核安全水平继续努力。

二 人权与人的安全

中方专家表示,人权的概念与保护具有普遍性,各国均有义务结合本国国情,促进和保护人权,由于历史、文化和发展阶段不同,各国的人权保护政策和措施会有不同。《世界人权宣言》中包含了诸多东方文化和价值观,如"仁""礼""和为贵"等,三国应加以充分利用,在平等和相互尊重的基础上开展对话与交流,促进本国及本地区的人权发展。日方专家指出,自1994年"人的安全"提出以来,国际社会对这一概念仍存争议。人的安全与人权具有互补性,但人的安全不等同于人权,实现人的安全需综合考虑政治、经济、社会和文化等多方面因素,各国应承担保障人的安全的首要责任,国际社会在必要时可提供协助。韩方专家表示,东方文化传统价值观与西方人权概念并没有明确的区分和界定,将东方传统价值观更多纳入现代人权概念并加以发扬和利用是三国面临的艰巨任务和挑战。

三 气候变化与环境安全

中方专家指出,气候变化所导致的海平面上升、土地沙化、洪涝和干旱等已威胁到中国的环境安全、粮食安全、能源安全以及国防安全。中国应将气候变化与环境安全纳入国家整体安全战略,统筹考虑社会、经济及环境发展。在东亚地区,三国应加强在《联合国气候变化框架公约》等机制下的沟通与交流,同时积极开展双边务实互惠合作。日方专家表示,东亚地区在过去几十年经济迅速发展的同时,面临的环境安全威胁也日益加剧。三国虽根据各自国情设立了减排指标,但目前在应对气候变化和保障环境安全方面尚缺乏共识,还未建立起有效应对机制。三国应首先建立共识,整合地区资源,并充分利用联合国及其相关机制,共同为应对气候变化做出贡献。韩方专家提出,气候变化、环境恶化以及自然灾害频发给全球经济、贸易、能源安全等带来巨大威胁和损失,国际社会应进一步加强合作,应对气候变化所带来的威胁。三国应在发展可再生能源和低碳经济、加强绿色经济融资、建立公共保障体系、应对自然灾害及建立生态城市等方面相互借鉴、取长补短，为应对气候变化和保障环境安全做出更大贡献。

四 网络恐怖主义与网络安全

日方专家提出，随着信息技术的快速发展，网络安全问题日益严峻，网络恐怖主义事件时有发生，并呈现出手段更加专业化和机制化、目标更加具体化、目的日趋政治化等新特点。韩方专家表示，今年10月在首尔举行的"2013年网络空间会议"就网络与经济增长和发展的关系、网络对社会文化的影响、网络安全、国际网络安全保障、网络犯罪、增强网络基础设施等问题进行了广泛讨论，尽管各方观点不尽相同，但越来越多的国家认识到，网络空间的安全、繁荣、开放有赖于各国政府间的合作而非对抗。中方专家指出，网络安全事关各国主权、安全和发展，加强务实有效的国际合作，构建和平、安全与开放的网络空间是国际社会面临的紧迫任务。网络空间作为一种非领土主权空间，要维持其开放、稳定、繁荣，不应奉行传统的"先占者主权"原则，而应遵循更加合理的"人类共同财产"原则，以治理而非实力谋安全。联合国应在全球网络治理进程中发挥领导作用，推动制定网络空间国际规则，规范各方行为。三国在此方面应加强合作，主动承担相应责任，倡导建立以网络主权为基础的全球网络空间新秩序。

五 东亚在联合国的领导作用

中方专家表示，东亚地区占全球人口总量的22%，是过去几十年世界经济发展最快的地区，但东亚尤其是中日韩三国在联合国及全球治理中的领导作用与三国的经济实力远不相符，其原因是多方面的：三国处于不同的发展阶段，有不同的社会制度和安全机制，三国民众间尚未实现真正和解等。但是，三国间存在广泛的共同利益和合作基础，应加强协调与合作，求同存异，增大东亚在联合国的领导作用。三国文化相近，有广泛的共同价值观,应充分利用和发扬;紧密的经贸联系和相互依存为三国进一步加强各领域合作提供了坚实的基础,三国可在环境、新兴技术、金融、经贸及文化等方面进一步深化合作,为加强东亚在联合国的领导作用做出更大努力。日方专家表示,在联合国内,三国应加强在相关决议草案、宣言及条约方面的协调与合作,发挥更积极的倡导作用。同时,三国应着力消除民族主义的消极影响,加强沟通、合作与协调,增强东亚共同体意识。韩方专家表示,三国在经济、金融、贸易和文化交流等领域的合作成果丰硕,本次研讨会首次将东亚在联合国的领导作用纳入讨论议题,意义重大。三国应在相互尊重、平等互信和开放透明的基础上,进一步加强战略合作,为东亚在联合国和全球治理中发挥应有的领导作用做出不懈努力。

上海联合国研究会成立大会暨"上海、中国与联合国"主题演讲会综述

石晨霞*

2013年9月12日，国内第一家研究联合国的学术性社会团体上海联合国研究会正式宣告成立，成立大会于上海市西郊宾馆国际会议中心隆重举行。

出席上海联合国研究会成立大会暨"上海、中国与联合国"主题演讲会的领导、嘉宾包括前联合国副秘书长陈健大使、外交部国际司孙旭东参赞、中国联合国协会会长卢树民大使和上海市社会科学院院长王战、上海市社团局副局长徐乃平，以及市宣传部、市社联、市社团局、市外办，复旦大学、上海社会科学院、上海国际问题研究院、中国浦东干部学院、华东师范大学等高校和研究机构的领导出席成立大会，近100位会员和社会各界的嘉宾与会。

上海联合国研究会是在陈健大使的倡议和推动下，在中国联合国协会的指导下，由本市十多位国际问题专家和社会知名人士发起成立的。研究会在筹建过程中已开展一系列具有国际和社会影响力的活动。未来上海联合国研究会将积极支持和资助联合国事业在上海的发展，推动和加强本市的联合国研究。研究会已与联合国文明联盟、联合国训练研究所、联合国开发计划署等开展实质性合作，包括联合主办国际会议和开展培训、帮助联合国机构在本市设立联络处、选派更多优秀学生赴联合国机构实习等。

会议表决通过了《上海联合国研究会章程》，选举产生了由48名理事组成的理事会。联合国前副秘书长陈健大使担任名誉会长，联合国文明联

---

* 石晨霞，复旦大学联合国研究中心博士后。

盟大使、上海社会科学院研究员潘光当选会长。

随后,陈健大使、卢树民会长、上海市社联专职副主席沈国明、上海社会科学院院长王战、上海国际关系学会副会长俞新天作为嘉宾向研究会成立表示祝贺并致辞。外交部国际司孙旭东参赞在会上做了题为《上海、中国与联合国》的主题演讲。会议间歇还举行了《联合国与文明对话》和《联合国发展报告》的首发仪式。

9月12日下午,与会领导和专家约20人出席了上海联合国研究会领导和专家指导委员会工作会议。会议由潘光会长主持,与会领导和专家纷纷对研究会未来的成长和发展建言献策。

征稿启事

《联合国研究》是由复旦大学联合国研究中心和上海联合国研究会共同主办的联合国研究专业性学术书刊，宗旨是致力于推进对联合国的综合研究。

《联合国研究》倡导理论流派和研究方法的多样性，面向全球学者征稿，投稿使用中英文均可。征稿对象包括：从事联合国研究的学者、联合国等政府间国际组织的工作人员、政府部门中从事与联合国工作相关的人员、各种非政府组织的工作人员等。《联合国研究》注重学术研究与政策研究的结合。

《联合国研究》设有"专稿""联合国与国际安全""联合国与全球治理""专家视点""青年论坛""联合国资料""会议综述"等栏目。

欢迎有志于联合国研究的学者和朋友们的来稿。

投稿者务请注意以下事项：

一、来稿请提供电子版或打印稿。严格遵守学术规范，引用的文献、观点和主要事实要注明来源。网上资料的引用应做到可核查。

二、学术论文每篇字数一般为1万~2万字；书评及学术会议综述一般在4000字以内。

三、来稿请提供中英文的题名、作者姓名、工作单位、内容提要（250~300字）、关键词（3~5个）。同时请提供作者简介、详细通信地址、邮编、电话号码、电子邮件地址，以便联系。

四、请勿一稿多投。来稿一经刊用即付稿酬，并赠送当期本刊五册。

五、本刊对采用的稿件有修改权，不同意修改者，请在来稿中申明。

来稿请寄：上海市徐汇区吴兴路45号，上海联合国研究会《联合国研究》收

邮政编码：200030

联系电话：021-6417 2307

传　　真：021-6417 2387

电子信箱：secretariat@ sunra. org. cn

注释体例

一 一般中文著作注释要求

（一）首次引用

引用的资料第一次出现在注释中时，一般中文著作的标注次序是：著者姓名（多名著者间用顿号隔开，编者姓名应附"编"字）、文献名、卷册序号、出版地、出版单位、出版时间、页码。

1. 专著

吴冷西：《十年论战：1956—1966 中苏关系回忆录》（上），北京，中央文献出版社，1999，第 13 页。

梁守德、洪银娴：《国际政治学概论》，北京，中央编译出版社，1994，第 36 页。

阎学通等：《中国崛起：国际环境评估》，天津人民出版社，1998，第 168 页。［作者三人以上，可略写为××（第一作者）等；出版社名称已包含地名，不必重复注出。］

2. 编著

倪世雄主编《冲突与合作：现代西方国际关系理论评介》，成都，四川人民出版社，1988，第 71 页。

威廉·沃尔福思：《单极世界中的美国战略》，载于约翰·伊肯伯主编《美国无敌：均势的未来》，韩召颖译，北京大学出版社，2005，第 99～117 页。

《什特科夫关于金日成提出向南方发动进攻问题致维辛斯基电》（1950 年

1月19日),沈志华主编《朝鲜战争:俄国档案馆的解密文件》第1卷,台北,中研院近代史研究所史料丛刊(48),第305页。

3. 译著

孔飞力:《叫魂》,陈兼、刘昶译,上海三联书店,1999,第207页。(译者姓名在著作名后。)

4. 期刊杂志(期刊指月刊、双月刊、季刊、年刊等,杂志指周刊或半月刊)

吴承明:《论二元经济》,《历史研究》1994年第2期,第98页。

李济:《创办史语所与支持安阳考古工作的贡献》,《传记文学》(台北)第28卷第1期,1976年1月。

阎学通:《中国面临的国际安全环境》,《世界知识》2000年第3期,第9页。

5. 报纸

符福渊、周德武:《安理会通过科索沃问题决议》,《人民日报》1999年6月11日,第1版。(此例适合署名文章。)

《朝韩首脑会晤程序大多达成协议》,《中国青年报》2000年5月12日,第6版。(此例适合不署名文章或报道。)

6. 通讯社消息

《和平、繁荣与民主》,美新署华盛顿1994年2月24日英文电。(写明电文题目、通讯社名称、发电地、发电日期和发电文种。)

7. 政府出版物

中华人民共和国外交部研究室:《中国外交:1998年版》,北京,世界知识出版社,1998,第768页。

《关于国际形势的讲话提纲》(1959年12月),《建国以来毛泽东文稿》第8卷(1959年),北京,中央文献出版社,1996,第599~603页。

8. 会议论文

任东来:《对国际体制和国际制度的理解和翻译》,提交给"全球化与亚太区域化国际研讨会"的论文,天津,南开大学,2000年6月5日至16日,第2页。

9. 学位论文

孙学峰:《中国国际关系理论研究方法20年:1979—1999》,中国现代国际关系研究所硕士论文,2000年1月,第39页。

10. 未刊手稿、函电等

标明作者、文献标题、文献性质、收藏地点和收藏者,收藏编号。
"蒋介石日记",毛思诚分类摘抄本,中国第二历史档案馆藏。
陈云致王明信,1937年5月16日,缩微胶卷,莫斯科俄罗斯当代文献保管与研究中心藏,495/74/290。

(二) 再次引用

再次引用同一资料来源的资料时,只需注出作者姓名、著作名(副标题可省略)和资料所在页码。
吴冷西:《十年论战:1956—1966中苏关系回忆录》(上),第13页。

(三) 转引

将原始资料出处按上述要求注出,用句号结束。用"转引自"表明转引,再把载有转引资料的资料出处注出来。
胡乔木:《胡乔木回忆毛泽东》,北京,人民出版社,1992,第88~89页。转引自杨玉圣《中国人的美国观:一个历史的考察》,上海,复旦大学出版社,1996,第183页。

二 英文注释要求

(一) 首次引用

同中文一般著作注释一样,引用英文资料第一次出现在注释中时,需将资料所在文献的作者姓名、文献名、出版地、出版时间及资料所在页码一并注出。

1. 专著

Kenneth N. Waltz, *Theory of International Politics*, New York: McGraw-Hill Publishing Company, 1979, p. 81. (作者姓名按通常顺序排列,即名在前,姓在后;姓名后用逗号与书名隔开;书名使用斜体字,手稿中用下划线标出;括号内,冒号前为出版地,后面是出版者和出版时间,如果出版城市不是主要城市,要用邮政中使用的两个字母简称标明出版地所在地,例如 CA;单页用 p. 表示。)

Hans J. Morgenthau, *Politics Among Nations: The Struggle for Power and Peace*, New York: Alfred A. Knopf Inc., 1985, 6th ed., pp. 389 – 392. (主标题与副标题之间用冒号相隔;多页用 pp. 表示,意思是 pages。)

Robert Keohane and Joseph Nye, *Power and Interdependence: World Politics in Transition*, Boston, MA: Little Brown Company, 1977, pp. 45 – 46. (作者为两人,作者姓名之间用 and 连接;如果为两人以上,写出第一作者,后面加 et al.,意思是 and others。)

Ole R. Holsti, "The 'Operational Code' as an approach to the analysis of belief systems," final report to the National Science Foundation, 1977, grant No. SCO 75 – 14368.

2. 编著

David Baldwin ed., *Neorealism and Neoliberalism: The Contemporary Debate*, New York: Columbia University Press, 1993, p. 106.

Klause Knorr and James N. Rosenau, eds., *Contending Approaches to International Politics*, Princeton, NJ: Princeton University Press, 1969, pp. 225 – 227. (如编者为多人,须将 ed. 写成 eds.。)

3. 译著

Homer, *The Odyssey*, trans. Robert Fagles, New York: Viking, 1996, p. 22.

4. 文集中的文章

Robert Levaold, "Soviet Learning in the 1980s," in George W. Breslauer and Philip E. Tetlock, eds., *Learning in US and Soviet Foreign Policy*, Boulder, CO: Westview Press, 1991, p. 27. （文章名用双引号引上，不用斜体。）

5. 期刊杂志中的文章

Stephen Van Evera, "Primed for Peace: Europe after the Cold War," *International Security*, Vol. 15, No. 3, 1990/1991. （期刊名用斜体，15 表示卷号。）

Ivan T. Boskov, "Russian Foreign Policy Motivations," *MEMO*, No. 4, 1993, p. 27. （此例适用于没有卷号的期刊。）

Nayan Chanda, "Fear of Dragon," *Far Eastern Economics Review*, April 13, 1995, pp. 24 – 28.

6. 报纸

Clayton Jones, "Japanese Link Increased Acid Rain to Distant Coal Plants in China," *The Christian Science Monitor*, November 6, 1992, p. 4. （报纸名用斜体；此处 p. 4 指第 4 版。）

Rick Atkinson and Gary Lee, "Soviet Army Coming apart at the Seams," *Washington Post*, November 18, 1990, pp. A1, A28 – 29.

7. 通讯社消息

"Beijing Media Urge to Keep Taiwan by Force," Xinhua, July 19, 1995.

8. 政府出版物

Central Intelligence Agency, Directorate of Intelligence, *Handbook of Economic Statistics*, 1988, Washington, D. C.: US Government Printing Office, 1988, p. 74.

"Memorandum from the President's Special Assistant (Rostow) to President Johnson," November 30, 1966, *FRUS*, 1964 – 1968, Vol. Ⅱ, Vietnam 1966, document No. 319.

9. 国际组织出版物

报告：*United Nation Register of Conventional Arms*, *Report of the Secretary General*, UN General Assembly Document A/48/344, October 11, 1993.［文件的注释应包括三项内容：报告题目、文件编号（包括发布机构）、发布日期；题目用斜体。］

决议：UN Security Council Resolution 687, April 3, 1991.（决议的注释应当包括两项内容：发布机构和决议号、生效日期。）

10. 会议论文

Albina Tretyakava, "Fuel and Energy in the CIS," paper delivered to Ecology '90 conference, sponsored by the America Enterprise Institute for Public Policy Research, Airlie House, Virginia, April 19 – 22, 1990.

11. 学位论文

Steven Flank, *Reconstructing Rockets: The Politics of Developing Military Technologies in Brazil, Indian and Israel*, Ph. D. dissertation, MIT, 1993.

12. 互联网资料

Astrid Forland, "Norway's Nuclear Odyssey," *The Nonproliferation Review*, Vol. 4 (Winter 1997), http：//cns. miis. edu/npr/forland. htm.（对于只在网上发布的资料，如果可能的话，也要把作者和题目注出来，并注明发布的日期或最后修改的日期。提供的网址要完整，而且在一段时间内能够保持稳定；内容经常变化的网址，比如报纸的网络版，就不必注明了。）

（二）再次引用

再次引用同一资料来源的英文资料时，可以只注出作者姓、著作简短题目和资料所在页码。

Waltz, *Theories of International Politics*, p. 81.（此例适用于著作。）

Nye,"Nuclear Learning,"p. 4.(此例适用于编著中的章节和期刊杂志中的文章。)

Jones,"Japanese Link,"p. 4.(此例适用于报纸署名或未署名文章。)

决议只需提供文件号。

(三) 转引

F. G. Bailey ed. , *Gifts and Poisons*: *The Politics of Reputation*, Oxford: Basil Blackwell, 1971, p. 4, quote from Paul Ian Midford, *Making the Best of A Bad Reputation*: *Japanese and Russian Grand Strategies in East Asia*, Dissertation, UMI, No. 9998195, 2001, p. 14.

图书在版编目(CIP)数据

联合国研究. 总第3期/张贵洪主编. —北京:社会科学文献出版社, 2014.10
ISBN 978-7-5097-6526-5

Ⅰ.①联… Ⅱ.①张… Ⅲ.①联合国-研究 Ⅳ.①D813.2

中国版本图书馆 CIP 数据核字(2014)第224431号

联合国研究（总第三期）

主　　编／张贵洪

出 版 人／谢寿光
项目统筹／高明秀　张金勇
责任编辑／张金勇

出　　版／社会科学文献出版社·全球与地区问题出版中心（010）59367004
　　　　　地址：北京市北三环中路甲29号院华龙大厦　邮编：100029
　　　　　网址：www.ssap.com.cn
发　　行／市场营销中心（010）59367081　59367090
　　　　　读者服务中心（010）59367028
印　　装／北京鹏润伟业印刷有限公司

规　　格／开　本：787mm×1092mm　1/16
　　　　　印　张：12.5　字　数：193千字
版　　次／2014年10月第1版　2014年10月第1次印刷
书　　号／ISBN 978-7-5097-6526-5
定　　价／49.00元

本书如有破损、缺页、装订错误，请与本社读者服务中心联系更换

▲ 版权所有 翻印必究